本书系国家语委"十三五"2019年度重点项目"新时代城市语言文明建设研究"（ZDI 135-100）的成果

新时代城市语言文明建设研究

陈新仁 等 著

科学出版社
北京

内 容 简 介

本书运用当代语言学、传播学、管理学等相关学科的理论，辅以社会调研，从理论维度、语言维度、问题维度和对策维度开展城市语言文明建设研究，涉及语言文明、语言环境、语言规范、语用规范等核心概念及其内涵与外延的界定，在系统探究语言文明理论体系的基础上初步建构了具有一定原创性的语言文明理论，并从语言文明建设、语言治理的高度剖析、解读、评估了城市现实世界和虚拟世界中的不文明语言实践及其危害性，探究语言文明在管理部门层面、企业层面和个人层面的推广方案和语言不文明治理对策，对制定公共空间语言政策具有一定的借鉴价值。

本书的目标读者为语言文字工作者、研究者，尤其是从事社会语言学、语用学方面研究的教师与学生、城市语言管理者、宣传工作者等。

图书在版编目（CIP）数据

新时代城市语言文明建设研究/陈新仁等著. —北京：科学出版社，2023.5

ISBN 978-7-03-074931-4

Ⅰ. ①新… Ⅱ. ①陈… Ⅲ. ①社会语言学-研究-中国 Ⅳ. ①H1

中国国家版本馆 CIP 数据核字（2023）第 033114 号

责任编辑：杨 英 赵 洁 / 责任校对：贾伟娟

责任印制：李 彤 / 封面设计：蓝正设计

科学出版社 出版
北京东黄城根北街 16 号
邮政编码：100717
http://www.sciencep.com

北京建宏印刷有限公司 印刷
科学出版社发行 各地新华书店经销

*

2023 年 5 月第 一 版　开本：720×1000 1/16
2023 年 5 月第一次印刷　印张：12 3/4
字数：288 000

定价：98.00 元
（如有印装质量问题，我社负责调换）

序
——文明语言与语言文明

《新时代城市语言文明建设研究》是陈新仁教授主持的国家语言文字工作委员会（简称国家语委）2019年度重点项目的研究成果，也是中国语言战略研究中心奉献于学界和社会的又一学术作品。

陈新仁教授是高产又专一的学者。他独著、合著的著作、教材、辞典等有40余部，发表的中英文论文有200余篇，而这些著述多数都是围绕语用学展开的，研究领域几乎涉及语用学的方方面面，特别是对语用身份的研究，他探讨了如何根据语用身份来说话做事，颇具特色。城市语言文明问题应是语用学的问题，是语用学的社会应用，是有家国情怀的语用学家应当关心的社会语言生活问题。新仁教授带领他的学术团队研究城市语言文明建设，是其社会使命感的体现。

中国是礼仪之邦，是世界文明的发源地之一，自古以来就讲究文明礼貌，其中包括语言行为上的文明礼貌。中国古代谈论语言，多数不是谈论语言自身，而是谈论语言行为规范。比如《论语》，其涉及语言的记述，基本上是带着语言伦理学的眼光来看待语言的，把语言看作思想的外在表现，看作仁、义、礼等的外显形式，体现着人的品位类属。《论语》是中国应用语言学的滥觞，提出了"言与行"这一重要的语言伦理学关系，由之提出了言行相副、言而有信、慎言恶佞等儒家的语言伦理；同时也涉及不少语言应用的规范和对语言行为的态度，如言语合礼、言必有用、言当雅顺等主张及以言知人等论述，都具有丰厚的社会意义。再如儒家经典《礼记》，记载了儒家主张的各种行为规范，其中也有大量关于语言行为的规范，体现着中国古代的语言文明。

文明礼貌会随着时代的发展而变化，在此变化过程中，常常需要社会的重新规约、整合甚至重建。1981年2月25日，中华全国总工会（简称全国总工会）、中国共产主义青年团中央委员会（简称共青团中央）、中华全国妇女联合会（简称全国妇联）、中国文学艺术界联合会（简称中国文联）、中国语言学会等九团体联合发出《关于开展文明礼貌活动的倡议》，向全国人民特别是青少年倡议，开展以"讲文明、讲礼貌、讲卫生、讲秩序、讲道德"和"心灵美、语言美、行为美、环境美"为内容的"五讲四美"文明礼貌活动，之后又与"三热爱"活动配合，形成"五讲四美三热爱"活动，各省、自治区、直辖市还成立"五讲四美三热爱"活动委员会，每年开展"全民文明礼貌月"活动，使中国城乡的社会风气和道德面貌随之改观，语言美、语言文明一时间成为社会流行语，成为社会文明建设的重要内容。

城市建设和乡村振兴是当今中国社会发展之双驱，包括语言文明在内的城市文明正处在快速发展时期，也正处在整合的过程之中。中国的传统文明主要是农业文明，虽然古代就已经出现城市，但是大规模的、快速的城市化进程，是近几十年才开始的。在城市化进程中，大量的农村归入城市，大量的农民变身市民，农业文明需要融入、转化为城市文明。40多年前，中国进入改革开放新时期，世界走进中国，带来了世界各种文明，中国也走入世界，需要适应世界的新文明；城市是改革开放的排头兵，在吸收世界文明、适应世界文明方面也走在全国前列。与此同时，中国的经济社会近几十年来也快速发展，人口移动频繁，特别是互联网、融媒体所构建的网络新空间，使得全国各地各民族的文明、全世界各国各群落的文明、各行各业各群体的新生文明，迅速交汇聚变在一起，包括语言文明在内的城市文明建设自然成为重要的时代新课题，也成为重要的学术大课题。

中国语言战略研究中心是教育部语言文字信息管理司和南京大学共建的语言科学研究机构，其宗旨是在语言政策、语言国情等方面开展战略性科学研究，提出应对国内外重要语言问题的科学预案，使之成为政府决策的重要依据，从而引导语言生活和谐发展。中国语言战略研究中心自2007年11月成立以来，在多任主任的领导下，开展了许多前瞻性的研究，发挥了重要的智库作用。长期深耕语用学的陈新仁教授，是该中心的执行主任，他选取城市语言文明建设作为研究课题，而且做得很有学术品位，便是十分地入情入理了。

从学术上审视已有的"语言文明"研究，涉及礼貌语言、面子原则、得体典雅、语言美学等，但是全面研究新时代语言文明特别是城市语言文明的却相当有限。就此而言，可以说《新时代城市语言文明建设研究》是一部开创性的著作。我读完这部著作后，觉得其在三个方面最有特点。

第一，多维度考察城市语言文明问题。这些维度包括现实空间和网络空间"两空间"，包括城市管理部门、企业及市民个体"三层面"，包括语言文明与不文明的正反"两类现象"。语言文明现象可以从用语得体、表达委婉、礼貌文雅等角度去观察，语言不文明现象包括用语低俗、粗陋、霸凌、欺诈、歧视、污名化等各种表现。

第二，努力从理论视角探讨语言文明的属性与原则。例如，从合法性、礼貌性、平实性、优雅性、得体性等方面看待语言文明，从尚真原则、尚善原则、尚美原则、尚省原则、尚宜原则等方面看待语言文明。

第三，引入语言治理观来建设城市语言文明。语言治理观主张立足现实，多元主体参与，随语言环境、社会需求变化提出合理有效的语言治理对策。不仅城市语言生活离不开城市语言规划，而且城市治理规划中也应当有语言治理的内容。此书提出的城市语言文明建设一揽子建议，为城市语言文明建设做出了有益探索。

语言学研究有两种路径：一是专心于发展语言学；二是"从语言学出发"，带着语言学解决社会发展中的语言问题。新仁教授的这一研究，主要是第二种路径的研究，兴趣在城市语言文明，功效在城市语言文明建设。在"指数意识"渐趋浓厚的当下，在现有研究基础上，甚至可以研制语言文明的发展指数或量化考核指标，来对城市语言文明发展状况进行调查与评估，为文明城市评估提供语言维度的标准。新仁教授的这一研究做得好，得益于他长期研究语用学的功底，且这一研究所得也将回馈语用学的发展。这是一个有单行意义的研究范例，这一范例说明，在解决社会发展中语言问题的同时，也是在发展语用学、发展语言学，语言学研究的这两种路径虽有不同的学术兴趣与学术功效，但最终还是相辅相成的。

最后需要指出的是,《新时代城市语言文明建设研究》和本序言中的"语言文明"中"文明"的含义是现代社会认可的优秀的行为举止和思想风范等,"语言文明"也主要是指包括口语和书面语在内的"文明语言"或"文明语言行为"。"文明"其实还可以指"人类所创造的物质财富和精神财富的总和","语言文明"也可以有更宽泛的理解,即指人类通过语言文字所创造的人类文明,或储存在语言文字中的人类文明。研究这种"广义"的"语言文明",是要认识人类社会如何利用语言文字创造文明与传承文明,是要认识语言文字对人类社会的群体及个人一生所起的作用。

人类正在进入由互联网、物联网、大数据、人工智能、元宇宙等构筑的数字时代,语言在数字时代对人类社会所发挥的作用越来越巨大。语言智能工具不仅在极大地延伸着人类的脑力和语言能力,而且也在改变着语言的存在方式和使用范式,继而改变着人类的交际方式、思维方式、行为方式乃至某种生理形态。在这一数字时代,人类的文明语言以及文明语言行为的标准会发生各种变化,因此对"狭义"的"语言文明"需要不断认识;而对"广义"的"语言文明"的认识也很重要,需要在数字视域里认识语言对城市建设特别是智慧城市建设的意义,认识语言及语言智能工具对现代人和现代人生活的意义。

李宇明

2022 年 8 月 2 日晚

序于北京惧闲聊斋

前　言

　　语言文明是城市精神文明的重要组成部分，关涉令人愉悦的语言环境的建设。文明城市的创建离不开语言文明建设，一座城市的语言文明程度在很大程度上可以反映这座城市的文明程度。可以说，语言文明建设是新时代我国文明城市建设的需要，更是我国文明城市建设的一个重要抓手，从语言治理的高度看，语言文明建设甚至是城市发展的一个重要推手。语言文明建设有助于形成良好的社会道德风气。党兰玲（2012）认为，和谐的语言环境既能保障社会稳定，又能改善投资环境，提升政府形象。

　　除网络语言暴力、霸凌等现象外，语言文明问题在国外鲜有学者探讨，却吸引了众多国内学者的关注，因而是一个多少带有中国特色的研究课题。在理论层面，陈汝东（1996）20世纪末就在《论语言文明》一文中尝试对语言文明进行比较系统的界定，之后部分学者就语言文明的内涵和表现进行了各种探索。在实践层面，一些学者就特定人群的语言文明情况开展了调研（张焕香和李卫红，2013）。

　　与上述相同或相近话题的研究成果不同，本书尝试在以下方面有所突破。

　　其一，国内现有关于语言文明的研究还比较少且零散，缺乏系统性。比如，现有研究往往只关注个人的语言文明问题，特别是城镇化进程带来的语言交往礼貌问题。本书将触及企业及管理部门的语言文明问题。

　　其二，现有研究虽然探究了各种语境下的语言文明问题，却较少聚焦城市建设中的语言文明问题，而且往往就事论事。本书则从语言文明建设、语言治理的高度剖析、解读、评估城市不文明语言实践的危害性。

　　其三，一些研究虽然涉及城市语言景观问题，但主要关注其规范性和服务功能，而本书则从语言文明的高度加以探究。

其四，现有研究往往根据研究者主观认识及古代圣贤的观点谈论语言不文明问题。本书以当代语言学（尤其是语用学）、传播学、管理学等相关学科的理论为指导，对语言文明、语言环境、语用规范等核心概念及其内涵与外延加以明确界定，对语言文明的理论体系进行探究。

其五，现有研究主要基于零散的不文明语言使用，较少采用大规模调研数据，鲜有研究从语言使用者自身视角开展分析。本书则适当结合了一些调查以便在更为系统的数据基础上开展分析。

在具体内容上，本书聚焦新时代我国城市社会不同层面（包括管理部门层面、企业层面、个人层面）的语言文明问题，主要涉及不同层面主体在现实世界和虚拟世界中的语言文明问题。针对上述层面的语言实践，本书从理论维度（涉及语言文明内涵、语言文明原则、语言文明规范、语言文明及不文明类别等）、语言维度（语言文明的表现）、问题维度（涉及语言暴力、语言欺诈、语言低俗等）和对策维度（涉及政策、教育、管理、技术等）开展了研究。通过这些方面的研究，本书希望能较好地达成以下预期目标。

首先，本书将以往关于语言暴力、语言景观、语言污染、语言低俗、语用规范、语言环境等话题统一到语言文明的框架下进行系统探索和理论建构，将批评语用学理论、语言景观理论、语言规划理论等结合起来，多视角分析城市不同层面的语言文明与不文明实践，初步建构了具有一定原创性的语言文明理论，涵盖语言文明的定义、层面、维度、原则、规范、类别、表现等，对提升我国理论自信具有一定的意义，对国外相关话题的研究具有一定的借鉴价值。

其次，以语言文明为议题、切入点，从城市语言文明建设高度，对城市管理部门、企业和个人三个层面开展调查和分析，探究城市社区语言文明或不文明行为的语言表现，提出了不同层面语言文明的推广方案和语言不文明的治理对策，因而较为具体而多样地丰富了城市语言规划实践内涵，为制定公共空间语言政策提供了一些实质性的支持。

最后，发现与评论新时代我国城市建设过程中的文明和不文明语言行为，将有助于强化社会各类主体的语言文明意识，提升国家、城市、管理部门、企业以及个人的形象和软实力，可以促进市民良好语言习惯的养成，全面提高市民的语言修养和文明素质。

总之，城市语用文明建设需要从宏观、中观和微观等不同层面全方位同步相向进行。宏观的管理部门层面要注意把握语言得体性，营造城市语言文明环境；中观的企业层面要增强语言文明意识，发挥积极的语言文明导向；微观的个人层面要倡导文明语言交际行为。特别需要强调的是，立言首先要立德，语言文明建设的核心是道德建设；城市语言文明建设是一项系统工程，有赖于整个社会政治、经济和文化环境的建设。

本书由陈新仁负责策划、设计、修改和统稿，全书由序、前言、7章正文、参考文献及1个附录组成，参与前沿、各章及附录编写的人员有陈新仁（前言，第一章，第二章，第四章第一节，第六章第一、六、七节），王玲（第三章第一、二、三、五节，第六章第一、六、七节），毛延生、孙晨（第四章第二节至第七节），杨金龙（第四章第一节），方小兵（第五章），杨昆（第六章第二节至第五节），孙小春（第七章），杨荣华、宋楚婷（第三章第四节，附录）。另由陈新仁单独整理了全书的参考文献。

在成书之际，我们首先要感谢我国著名语言学家李宇明教授，他在百忙之中对书稿的撰写和完善提出了非常宝贵的意见，并欣然为本书赐序。我们还要感谢中国语言战略研究中心，正是依托该中心，课题组得以申请获批本成果所基于的重点课题，开展本项具有理论意义和应用价值的开拓性研究。向为本书的出版工作付出大量心血的科学出版社杨英女士表示我们的诚挚谢意。感谢郭骏、孙小春、宋楚婷等帮助校对本书稿。

由于水平、精力有限，书中不足之处在所难免，敬请广大读者批评指正。

陈新仁

2022年7月

目　录

第一章　绪论 ………………………………………………………… 1
 第一节　研究背景 ……………………………………………………… 2
 第二节　研究对象与内容 ……………………………………………… 9
 第三节　研究目标与意义 ……………………………………………… 11
 第四节　研究思路与方法 ……………………………………………… 12
 第五节　本书结构 ……………………………………………………… 13

第二章　理论建构 …………………………………………………… 14
 第一节　语言文明的定义、层面与维度 ……………………………… 15
 第二节　语言文明的原则与规范 ……………………………………… 19
 第三节　语言不文明的类别与语言表现 ……………………………… 24
 第四节　城市语言文明的建设维度 …………………………………… 29
 第五节　本章小结 ……………………………………………………… 32

第三章　现实空间语言文明与不文明：案例与分析 ……………… 34
 第一节　管理部门层面的语言文明与不文明 ………………………… 35
 第二节　企业层面的语言文明与不文明 ……………………………… 46
 第三节　个人层面的语言文明与不文明 ……………………………… 57
 第四节　个案研究：南京城市公共服务领域的语言文明考察 ……… 66
 第五节　本章小结 ……………………………………………………… 80

第四章　网络空间语言文明与不文明：调查与分析 ……………… 82
 第一节　网络语言文明与不文明的概念内涵 ………………………… 85
 第二节　网络空间语言文明与不文明调查设计 ……………………… 89
 第三节　管理部门层面的网络语言文明与不文明 …………………… 92
 第四节　企业层面的网络语言文明与不文明 ………………………… 101

第五节　个人层面的网络语言文明与不文明 …………………… 106
　　第六节　网络空间语言不文明管理对策 ………………………… 110
　　第七节　本章小结 ………………………………………………… 114

第五章　城市语言文明话语实践的推广方案 ………………………… 115
　　第一节　宏观层面城市语言文明话语实践的推广方案 ………… 117
　　第二节　中观层面城市语言文明话语实践的推广方案 ………… 122
　　第三节　微观层面城市语言文明话语实践的推广方案 ………… 128
　　第四节　本章小结 ………………………………………………… 131

第六章　城市语言不文明的治理对策 ………………………………… 133
　　第一节　语言治理观及其实践范式 ……………………………… 134
　　第二节　国内外语言不文明治理之比较 ………………………… 145
　　第三节　管理部门层面的语言不文明治理 ……………………… 149
　　第四节　企业层面的语言不文明治理 …………………………… 153
　　第五节　个人层面的语言不文明治理 …………………………… 156
　　第六节　个案研究：语言粗鄙化现象的治理对策 ……………… 160
　　第七节　本章小结 ………………………………………………… 172

第七章　结语 …………………………………………………………… 173
　　第一节　主要发现 ………………………………………………… 174
　　第二节　研究理论和实践启示 …………………………………… 177
　　第三节　研究展望 ………………………………………………… 179

参考文献 …………………………………………………………………… 181

附录：调查问卷 ………………………………………………………… 192

第一章 绪 论

本章为全书的绪论,主要介绍本书研究选题产生及相关研究的背景,具体描述本书的研究对象与核心研究内容,呈现本书的研究目标及相关理论与现实意义,扼要介绍本书研究采用的主要方法,概括本书的总体结构安排。

第一节 研究背景

城市语言文明建设的选题不是凭空产生的,而是有着深刻、广泛的时代、学科与研究背景。下面分而述之。

一、时代背景

在我国改革开放和现代化建设的伟大实践中,精神文明建设始终是一项与物质文明建设共进并举的中心工作。党中央高度重视精神文明建设,培育、倡导、践行社会主义核心价值观,弘扬社会公德、职业道德、家庭美德、个人品德建设,引导和推动全体人民树立文明观念、争当文明公民、展示文明形象,努力做到物质上"仓廪实衣食足",精神上"知礼节知荣辱"。

在我国,精神文明建设的重要载体之一是市民广泛知晓并参与的全国文明城市创建活动。该活动始于1995年张家港市开展的创建文明城市活动。中央新闻单位对张家港经验的宣传语推介,在全国引发向张家港学习的热潮。1996年,中共十四届六中全会审议并通过了《中共中央关于加强社会主义精神文明建设若干重要问题的决议》(简称《决议》),明确提出加强社会主义精神文明建设是一项重大战略任务,把我国社会主义现代化建设的战略部署,从原来的经济、政治、文化建设"三位一体",发展为物质文明建设、政治文明建设、精神文明建设与和谐社会建设"四位一体"。《决议》为我国城市精神文明建设提出了更明确的目标,就是要以提高市民素质和城市文明程度为目标,开展创建文明城市活动,建成一批具有示范作用的文明城市和文明城区。全国文明城市(National Civilized City),简称文明城市,是指在全面建成小康社会中市民整体素质和城市文明程度较高的城市。全国文明城市称号是反映中国城市整体文明水平的最高荣誉称号,每三年评选一次,由中央精神文明建设指导委员会授予。

作为人类文明发展的产物，城市文明状况反映了人类社会发展各个阶段的文明成果，标示着人类社会发展所达到的一种和谐、文明状态。因此，创建文明城市的内涵不仅包括城市物质文明、政治文明，还包括精神文明，三者的协调发展是文明城市的本质特征。具体而言，创建文明城市对市容市貌、市民在公共场所道德、交通意识、公共场所人际互助关系等方面都有明确的要求。比如，对市容市貌方面的要求包括：城市规划合理，公共建筑、雕塑、广告牌、垃圾桶等造型美观实用，与居住环境相和谐，能给人以美的享受；街道整洁卫生，无乱张贴（包括张贴非法小广告）现象；公园、绿地、广场等公共场所气氛祥和。对市民在公共场所道德方面的要求包括：公共场所无乱扔杂物、随地吐痰、损坏花草树木、吵架、斗殴等不文明行为；所有室内公共场所和工作场所全面禁烟，并有明显的禁烟标识；影剧院、图书馆、纪念馆、博物馆、会场等场所安静，无大声喧哗、污言秽语、嬉闹现象。对建立公共场所人际互助关系方面的要求包括：公交车上为老、弱、病、残、孕及怀抱婴儿者主动让座；友善对待外来人员，耐心热情回答陌生人的问讯；公共场所主动帮助老、残、弱或其他需要帮助的人。

文明城市的创建离不开语言文明建设，一座城市的文明在很大程度上体现在这座城市中个人、企业、管理部门尤其是各类服务者的语言使用方面。可以说，语言文明建设是新时代我国文明城市建设的需要，更是我国文明城市创建的一个重要抓手。从全国文明城市创建的要求看，城市精神文明建设的内涵十分丰富，文明城市测评也确实包括了语言文明建设，如"无大声喧哗、污言秽语""耐心热情回答陌生人的问讯"。新发布的《2021年全国城市文明程度指数测评标准体系》在"1-3 公共秩序"部分提及"剧场安静文明，秩序良好，无大声喧哗、无污言秽语、无嬉戏吵闹"以及"赛场秩序良好，无喝倒彩、无污言秽语"，在"1-5 公共关系"部分提及"友善对待外来人员"，这些也是语言文明建设的重要内容。然而，我们认为，上述要求似乎并不系统、全面，不能覆盖公共场合下城市语言使用的各个方面。譬如，城市各种窗口行业（燃气、供热、自来水、供电、公交、出租汽车、铁路、长途汽车、民航、环卫、风景园林、物业服务、邮政、电信、银行、医疗、宾馆、旅行社、商业零售、工商、税务等）的语言服务是否文明规范；城市各类机构管理部门的语言使用是否文明规范；城市个人、企业、管理部门的网络语言使用是否文明规范等。这些问题都为我们系统开展城市语言文明建设提供了必要性，并赋予了其现实意义。

二、学科背景

根据徐大明（2020）的归纳，21 世纪以来，社会语言学界具有重大影响的语言规划研究主要包括西方学者倡导的语言管理研究和中国学者提出的语言生活研究（Li, 2013, 2019）。

语言管理（language management）研究（Jernudd & Neustupný, 1987; Jernudd, 1991; Spolsky, 2004, 2009）主要借鉴管理学相关思想，旨在重构语言规划的理论体系。随着社会的逐渐分化和民主化进程的推进，国外学者开始转向微观层面的语言规划。例如，罗伯特·卡普兰（Robert Kaplan）和理查德·巴尔道夫（Richard Baldauf）提出微观规划的研究，明确区分语言规划的宏观、中观和微观三个层次（Kaplan & Baldauf, 1997）。著名社会语言学家博纳德·斯博斯基（Bernard Spolsky）提出了相对系统的"语言管理理论"，用"语言管理"的概念来替代学界早已广泛知晓并接受的"语言规划"概念，进而从"管理"的视角重新解释语言规划的有关研究成果。他认为，语言管理具有多层次性和多领域性，不能像语言规划那样只发生在国家层面或政府工作层面；语言管理既可以是自上而下的政策的实施，也可以是自下而上的行动产生的效应，前者体现了早期学界提出的话语层面上的"语言管理"，后者对应了国家层面的"语言规划"；正因为如此，"语言管理"的概念才能体现多主体社会行为的相互制衡，而这是仅仅强调国家或国家机构层面政策目标的"语言规划"概念所不能覆盖的（王玲和陈新仁，2020）。受上述思想影响，国内一些学者进行了类似探索，不过他们并没有使用"语言管理"的术语，而是使用了"语言治理"（language governance）[①]的术语，但在一

---

① 语言"治理"理念的提出在一定程度上反映了西方学者（James, 1992; Rhodes, 1997; Rosenau, 1995; Williams, 2007）的影响。

些观点上其实是一致的。①譬如,郭龙生(2015)指出,语言治理是一种具体实施语言规划行为的途径、手段和方法;张日培和刘思静(2017)提出语言治理是关于语言本身的治理,更准确地说是指对语言生活中语言应用的治理;王玲和陈新仁(2020)认为语言治理观是语言规划的新视角,强调以问题为导向,倡导社会多元主体参与的治理实践范式,通过"自下而上"吸纳民意的底层设计,一方面了解宏观语言政策与规划的实施状况,另一方面通过培育基层和民众形成社会参与力,从而有效确保宏观顶层设计的落实质量和效果。

语言生活(language life)研究是由以李宇明教授为代表的一批中国学者倡导的、具有中国本土特色的语言规划研究。②李宇明(Li, 2013, 2019;李宇明,2016,2017)结合中国的实践,提出语言管理需要面对社会生活的思想,具体包括:重新定义"语言生活"的概念,将其上升到国家语言规划的层面,将语言研究和语言文字工作也纳入语言生活的范畴,而非仅仅指日常语言层次;提倡积极主动地制定和实施语言政策,推动面向社会现实的对策性研究;提出语言管理的对象不是语言本身,而是语言生活,从而将"语言生活"与"语言管理"衔接起来。受"语言生活派"学术思想的影响,21世纪以来,我国城市语言文字工作在制定和落实语言文字规范方面取得了巨大成果,同时开始转向全方位的语言生活管理,相关研究成果层出不穷。

事实上,上述两大路径下的语言规划研究是兼容与融合的。语言管理观或治理观符合当前我国语言生活现实的需求。一方面,快速、大规模的城市化进程虽然带来了丰富、多样、复杂的语言生活,但由于刚进城的"城市移民"一时无法融入城里的言语社区,而原有的城市言语社区则会受到"新市民"的挑战,缺乏言语社区的规范作用,"语言城市化"的缺位现象就不可避免,进而会引发新老市民之间言语交流的各种问题(徐大明,2020)。另一方

---

① "语言管理"的概念似乎总是容易与行政性机构、官方政策等发生关联。注意语言治理的另一层意思涉及语言在社会治理中的作用,语言是治理手段而不是对象,见王春辉(2020a)。

② "语言生活"的概念一般认为始创于日本的社会语言学研究,如 Heinrich 和 Galan(2011)、徐大明(2020)等。

面，网络与新媒体新技术的介入，在给大众语言生活带来多样化、个性化的同时，也会带来各种语言使用问题，包括语言文明的问题（王春辉，2020b）。运用语言管理理论或治理理论为指导、调节我国当前的语言生活，有助于提升城市语言管理的效果，预防在社会治理中出现语言治理的盲区，提出更为恰当、有效的语言规划模式，提出可以用来应对当前我国城市语言生活中各种突出问题的治理方案，最终实现多元异质语言生活的和谐，提升社会治理工作的科学水平。

三、研究背景

在可以检索到的文献中，陈汝东（1996）发表的《论语言文明》也许是国内外最早将语言文明作为专门的话题加以较为系统探索的理论文章。然而，该文章发表后似乎并没有引起国内学者足够的重视，后续研究成果也不多，个别例外，如杜永道（1996）、李树新（2002）。

在为数不多的语言文明调查研究中，有学者就特定人群、国产动画片中的语言文明情况开展了调研。例如，张焕香和李卫红（2013）基于对语言文明四个含义（不说粗话、脏话；普通话的普及率；学习母语和外语能够分清主次和轻重；语言的干净利落）的认识，通过分层抽样的方式选取北京高校325名大学生进行问卷调查，发现北京高校大学生语言文明意识淡薄，大多数人有说脏话的经历，而且存在重英语学习轻汉语学习的现象。史雯娜（2016）以动画片中的人物对白为语料，考察了我国一些动画片中存在的语言粗俗、语言暴力等问题。王玲和陈新仁（2021）的调查显示，现实公共空间存在语言粗鄙化现象，表现为用词污秽低俗、逻辑错乱、语病百出等，不仅包括用词粗鄙，也包括粗鄙的格调、内容和形式等，整个话语风格体现出低俗不雅、价值观和精神品格低下等特征。陈新仁（Chen，2020）指出，社会生活中还存在不少不良社会用语，主要包括含有淫秽、暴力、恐怖、粗俗等内容的低俗广告、店铺名、物品名、宣传标语、交通指示语等。一些低级媚俗或引发相关联想的字眼、违反法律法规或者有悖社会公德和道德甚至存在蔑视正义、戏说社会的语言表达，其立场与态度是非常不严肃的。

国内外学者也都关注网络媒介中的语言不文明现象,如语言暴力。例如,王炎龙和刘丽娟(2008)讨论了博客语言暴力生成及其治理机制,研究了语言暴力的形成和治理对策。张爱军(2017)认为微博上的青少年政治语言暴力值得关注和研究,指出需要对青少年加强政治文明建设、加强主流意识形态建设,完善青少年的政治知识结构,并加强家庭教育,从根本上杜绝青少年政治语言暴力。王春辉(2020b)指出,网络空间和现实生活中的语言不文明现象容易给青少年身心健康和价值观念带来负面影响,语言文明治理刻不容缓。国外相关研究主要聚焦于网络霸凌(cyberbullying)、网络亵渎语(profanity online)、网络粗话(vulgar online or slang online)、网络辱骂性文本(abusive text online)、网络冒犯性语言(offensive language online)等不文明问题。例如,辛杜加和帕特钦(Hinduja & Patchin,2006)对9～26岁的美国、加拿大、英国、澳大利亚籍互联网用户进行调查,发现29%的被试群体在网络中遭受过语言霸凌;范·赫伊等(Van Hee et al.,2018)基于欧盟少年网络使用情况报告,发现与2010年相比,少年群体在互联网使用中遭受语言霸凌的比例增长12%。毕勒维奇和维克特尔(Bilewicz & Wiktor,2020)发现,在互联网中,上文提及的各种詈语的攻击对象主要是女性、移民等弱势群体,往往传达了歧视等信息。

此外,一些学者关注城市语言文明环境的建设问题。例如,党兰玲(2012)认为,和谐的语言环境既能保障社会稳定,又能改善投资环境,提升政府形象。然而,如同王玲和刘艳秋(2014)指出的那样,当前中国社会的发展改变了城市的语言环境,有可能带来语言冲突。王玲和陈新仁(2020,2021)指出,社会交际中言语行为的低俗化、粗鄙化问题和官宣文本中的文法、文体错误问题已经开始拖累我们社会的进步。就如何建设语言文明,江南和杜文霞(1999)提出,应强化爱国主义教育,严厉鞭挞和清除社会上的非文明语言现象,强化使用文明语言。张娣(2007)呼吁话语商标名称的使用要注意语言文明;刘长青(2007)、马春红(2007)等呼吁警察清除暴力语言,实行文明执法;夏才源(2011)呼吁服务厅办税员要注重语言文明。

最后,还有学者从保持汉语纯洁性的角度,聚焦威胁"语言污染"问题。例如,杨勇和张泉(2015)以生态语言学作为理论基础,一方面明确了网络流行语对现代汉语发展的贡献，另一方面也指出网络流行语对现代汉语已经构成大面积污染，需要多方合作，加强网络跟踪、评估和监管，才能提升网络语言的规范度，捍卫母语的纯洁性，保障现代汉语生态系统健康发展，建设社会主义和谐文化。

迄今为止，语言文明问题在国外鲜有探讨，除了网络语言不文明研究外，（城市）语言文明建设在很大程度上是一个中国本土话题。虽然国外也有学者提及城市语言使用问题，如巴克豪斯（Backhaus，2006，2007）、苏哈迈和戈特尔（Shohamy & Gorter，2009）、斯特劳特和彭杜卡拉（Stroud & Mpendukana，2009）等学者关注语言景观，但主要是从语言服务功能、国际流动性、意识形态等角度而非从语言文明角度研究的。

总体来看，关于我国城市语言文明建设的研究存在以下可以突破的方面：①从研究范围看，国内现有关于语言文明的研究还比较少且零散，缺乏系统性，比如，现有研究往往只关注个人的语言文明问题和网络互动中的语言文明问题，却较少涉及企业及管理部门的语言文明问题、城市化进程带来的语言交往礼貌问题等。②从研究内容看，现有研究虽然探究了一些语境（如校园、动画片）下的语言文明问题，却较少聚焦城市建设中的语言文明问题，很少从语言文明建设的高度剖析、解读、评估城市不文明语言实践的危害性；一些研究虽然涉及城市语言景观问题，但主要关注其规范性和服务功能，较少从语言文明的高度加以探究。③从理论运用看，现有研究往往根据研究者主观认识及古代圣贤的观点，较少运用当代语言学（尤其是语用学）、传播学、管理学等相关学科的理论进行指导，对语言文明、语言环境、语用规范等核心概念及其内涵与外延缺乏明确的界定，对语言文明的理论体系缺乏探究。④从方法论看，现有研究主要基于零散的不文明语言使用，较少采用大规模调研数据，鲜有研究从语言使用者自身视角开展分析。

第二节 研究对象与内容

本书的研究对象是新时代我国城市不同社会层面（包括管理部门层面、企业层面、个人层面）的语言文明问题，主要涉及不同层面城市主体在现实世界和虚拟世界中语言使用文明问题。考虑到可行性，本书对语言文明提出的操作定义是用语得体、委婉、礼貌、文雅；相应地，语言不文明指用语粗俗、低俗、庸俗、粗鲁、霸凌、欺诈、歧视、污名化、腐败、贿赂、污染等。针对上述层面的语言实践，本书将从理论维度（涉及语言文明的内涵与特征、语言不文明的内涵与特征、语言文明评价体系等）、问题维度（涉及各种语言不文明的表现）、语言文明推广维度和语言不文明对策维度（涉及政策、教育、管理、技术等层面）开展研究。

本书主要包括以下内容。

（1）管理部门层面的语言文明建设研究。从管理部门层面上讲，语言文明是城市精神文明的重要组成部分，是令人愉悦的语言环境。相关考察内容包括：①从语言形式入手，考察政府号令、宣传用语等的语义特征是否能够与具体的社会语境相符合，营造的是什么样的语言环境；②分析政府管理部门制作号令、宣传用语等遵循的语用规范；③结合深度访谈，分析现实生活中市民读者群对政府部门语言实践的接受状况、期待和要求，概括总结文明或不文明语用实践的特征；④从语言规划视角为政府部门构建文明的城市语言环境提供事实依据。

（2）企业层面的语言文明建设研究。从企业层面上讲，语言文明是企业重要的社会责任，也是企业文化建设的重要内容。相关研究关注两个方面。一是当代企业语言文明环境的营造策略和推广模式。二是当代企业在企业广告中的语用实践，重点考察企业广告的语用不文明现象（涉及语言失范、诚信失范、道德失范、审美失范、语言暴力、违背法律等诸方面），全面分析社会大众对当下企业广告的满意度，分类别剖析企业广告语用不文明现象出现的内外部机制以及所产生的不良社会影响，从政府、企业和广告设计者三个层面分别研究如何建立科学有效的破解机制和制定切实可行的实施方案，同时也为政府制定新时代城市语用文明建设的整体规划提供参考。

（3）个人层面的语言文明建设研究。从个人层面上讲，语言文明是人们在语言使用中所体现出来的良好文化与道德修养。相关研究关注两个方面。一是当代中国城市陌生人的语言交往实践，考察不同陌生人群之间的礼貌话语模式，旨在揭示城镇化进程对于当代中国社会语言交往方式带来的深刻影响。二是当代中国城市居民在虚拟世界中的语用实践，涉及网络用语的陌生化机制研究、网络用语的污名化机制研究以及网络用语的暴力化机制研究，旨在揭示网络用语文明规划本质上就是一种风险治理行为，同时也探究在网络意识形态监测与管控中网络语用研究的政治意义和社会价值。

其中，研究重点包括以下几方面。①研究不同层面语言文明的规范体系、识别标准。一方面，语言文明与不文明是抽象的概念，需要落实到一些具体的指标上。另一方面，语言文明与不文明又是相对的概念，城市不同层面上的语言文明与不文明会有不尽相同的指标体系。这些需要通过理论研究和实证调研来加以回答。②调研不同层面语言文明与不文明实践的各种形态及应对策略，在广泛调研的基础上，在城市规划理论指导下提出相应的语言政策与管理措施。③研究语言文明的理论体系和核心内涵，尝试建构语言文明理论。

第三节 研究目标与意义

本书的研究目标包括理论方面和实践方面的目标。理论方面，本书尝试建构具有原创性的语言文明理论，涉及语言文明的定义、内涵、标准、形态、作用、影响因素等。此外，本书将以语言文明为议题、切入点，从城市语言文明建设高度，丰富城市语言规划理论内涵。实践方面，本书在多学科理论指导下，将提出识别、管控不同层面语言不文明的对策与措施，为制定公共空间语言政策提供支持。此外，本书对城市语言文明建设情况进行调研，将有助于重塑新时代城市文明话语体系尤其是礼貌话语体系，打造企业内部环境语言文明规范。

上述理论目标的理论意义在于以下几方面。①首次系统探讨、尝试建构语言文明理论。迄今为止，国内外学界虽然经常谈及语言文明问题，但尚未系统提出语言文明理论的成果。本书拟在系统研习相关文献、大量考察关涉语言文明正反方面语言实践的基础上提出语言文明理论，对提升我国理论自信具有重要的意义。②补充和丰富批评语用学、语言景观理论和语言规划理论的内容。本书从城市管理部门、企业和个人三个层面调查和分析城市社区语言文明或不文明的行为，分析原因，并从语言规划视角提供建设性的对策和规范准则。③拓宽语言学与管理学、传播学等相关学科的交叉研究范围，丰富城市语言调查研究的内容。

上述实践目标的实践意义在于：①本书通过发现新时代我国城市建设过程中的文明和不文明语言行为，开展正反两个方面的评论，提出相关建议，将直接有助于提升国家、城市、管理部门、企业以及个人的形象；②本书通过强化社会各类主体的语言文明意识，呈现相关话语策略，可以提升管理部门、企业等的软实力；③本书通过重塑当代人际交往所需的文明话语体系尤其是礼貌话语体系，可以促进市民良好语言习惯的养成，全面提高市民的语言修养和文明素质。

第四节　研究思路与方法

　　本书将在城市文明建设的总体思想指引下，基于大规模城市语言调查（郭骏，2013）的研究手段，采用批评语用学理论，在借鉴已有文献相关经验的基础上，从正反两个方面开展分析，弘扬各种文明语言实践，揭露批评不同层面各种不文明语用方式，并从城市语言规划角度提出提升城市语言文明程度的对策与措施。

　　在具体研究方法的选择上，本书将运用：①文献研究与理论思辨法，基于文献就"语言文明"等核心概念进行界定；②社会调查法，包括问卷、焦点小组、观察等方法；③访谈法，包括对普通市民的访谈和对语言规划方面专家的深度访谈。

第五节　本书结构

本书由序、前言、7章正文、参考文献及1个附录组成。第一章为绪论，交代研究背景、研究对象与内容、研究目标与意义、研究思路与方法以及本书结构。第二章为本书的理论建构部分，涵盖语言文明的定义、层面与维度、语言文明的原则与规范、语言不文明的类别与语言表现、城市语言文明的建设维度。第三章主要通过调查，探讨并分析现实空间中的语言文明与不文明，涉及管理部门、企业和个人层面的语言文明与不文明。第四章同样借助调查手段，考察网络空间中的语言文明与不文明，涉及管理部门、企业和个人层面的网络语言文明与不文明。第五章研究在宏观层面、中观层面和微观层面城市语言文明话语实践的推广方案。第六章探究在管理部门层面、企业层面和个人层面的语言不文明治理。第七章为结语，总结本书的主要发现，讨论本书的研究理论和实践启示，并对未来的研究方向提出一些展望。

第二章 理论建构

城市文明建设离不开语言文明建设。城市语言文明建设的前提是确定语言文明的定义与内涵。语言文明的界定主要涉及语用规范的确立。在确立语用规范的基础上，我们可以确定语言文明与不文明的标准、类别与语言表现及影响因素。为此，本章针对上述理论问题，尝试为本书的研究提供理论基础和分析框架。

第一节 语言文明的定义、层面与维度

现代汉语中的"文明"源自《易经》中的"潜龙勿用，阳气潜藏；见龙在田，天下文明"（徐奇堂，2006），指一种社会进步状态①，与"野蛮"一词相对立。该词既可以作名词也可以作形容词。根据《现代汉语词典》（第7版）（中国社会科学院语言研究所词典编辑室，2016），"文明"作为名词时表示"文化"（如"物质文明"），作为形容词时表示"社会发展到较高阶段和具有较高文化的"（如"文明人""文明国家"）、"旧时指有西方现代色彩的（风俗、习惯、事物）"（如"文明结婚"）。此外，在现代汉语中，"文明"还用来指特定事情在国家管理下创造出的物质、精神、制度等方面的发明创造的总和（如"古罗马文明"），以及人类所创造的财富的总和，特指精神财富，如文学、艺术、教育、科学。文明涵盖了人与人、人与社会、人与自然之间的关系，其主要作用在于追求个人道德完善，维护公众利益、公共秩序（如"物质文明""精神文明"）。除了作名词和形容词外，"文明"还可以用作副词，比如"文明执法""文明驾驶""文明购物""文明就餐""文明乘车"等。有趣的是，"文明"的内涵有时其实不清晰、不统一、不确定。我们尽管经常使用这些表达，但对"文明"的指涉对象、内容、标准、呈现方式等的认识却可能大相径庭。当然，我们也不能因此否定有某种与"文明"本义关联的共核意义。

本书要探讨的语言文明是人类文明的一个方面，它构成了人类文明的一

---

① 英语中与"文明"对应的词是 civilization，源于拉丁文 civilitas，指有组织的、有秩序的，同样用来指社会的进步状态（见 https://www.merriam-webster.com/dictionary/civilization[2021-08-21]）。不过，英语中没有与"语言文明"在字面上直接对应的表达，即一般不会说 language civilization，但英语母语者没有这么说并不等于不可以这么说，从该词可以指 refinement of thought, manners, or taste（如 exhibiting a high level of civilization）以及 the process of becoming civilized（如 civilization is a slow process with many failures and setbacks）我们可以得到支持。另一个词是 civility（反义词为 incivility），指的是 courtesy、politeness，可见只是部分地与 civilization 等义，不能覆盖客套、礼貌之外的文明之义。

部分,"语言文明不仅是人类所取得的一种进步成就,同时也是一种社会进步的标志"(陈汝东,1996)。语言文明是精神文明的一部分[①],具有语言性、进步性、社会性、民族性和时代性(陈汝东,1996)。

为了认识语言文明的内涵,我们首先看一看大众关于语言文明的认识。为便于理解,课题组特意选择了城市街头常见的宣传语"讲文明话,办文明事"图片作为案例,并开展了一次线上问卷调查(调查问卷见附录),调查受访者对其中"文明话"的理解,共收到684份有效答卷。从回应看,受访者对"文明话"的理解呈现一些差异,但绝大多数受访者认为讲文明话就是讲礼貌(如"有礼貌的话""合乎礼貌的话""客气的话"),还有不少人在回答中提及"非脏话""不讲粗话""不侮辱他人""非攻击性""得体的话""文雅""让人舒服的话""尊重他人""符合社会礼仪""符合公序良俗",当然还有人提及"普通话""符合道德要求""符合国家语言文字法""符合主流价值观""含有正能量""真善美""有素养"等。

我们再来看学者关于语言文明的阐释。陈汝东(1996)发表的《论语言文明》也许是国内外最早将语言文明作为专门的话题加以较为系统探索的理论文章。根据陈汝东的观点,语言文明是指人类在改造自然和社会的进化过程中,在语言文字生活领域所创造的先进成果和取得的成就,以及所达到的进步状态(陈汝东,1996),具体包括五个相互联系、内在统一的方面:规范、健康、纯洁而有效的语言文字体系,科学、合理的言语交际秩序,较高的全民言语行为质量,较高的全民言语素养,以及良好的言语环境(陈汝东,1996)[②]。张焕

[①] 精神文明是人类在改造客观世界和主观世界的过程中所取得的精神成果的总和,是人类智慧、道德的进步状态。笔者不认同陈汝东将语言文明与物质文明和精神文明并置的提法。

[②] 陈汝东(1996)认为文字及其记录的言语作品中的积极、健康成分,也是语言文明的一部分,对此笔者不敢苟同。另,陈汝东的这两个界定都是将"语言文明"看作名词概念,其实"语言文明"有时也可以是一个形容词概念,即语言是评价对象或维度,"文明"充当具有积极意义的评价词,整个表达的意思即"在语言表现方面具有某种先进性、进步性的",反之"语言不文明"就是"在语言表现方面显得落后、退步的"。这时"语言文明"的英文翻译应该是 linguistically civilized,"文明语言"的英文翻译是 civilized language,"语言不文明"的英文翻译应该是 linguistically uncivilized,"不文明语言"的英文翻译则为 uncivilized language。

香和李卫红（2013）将语言文明看作人们在语言使用中所体现出来的良好文化修养和令人愉悦的语言环境。前者涉及语言使用主体的品质和习惯，如不说粗话、不说脏话、说话不拖沓，后者涉及语言使用环境的特质。值得注意的是，他们认为，在公共场所说普通话而非方言或民族语言也是语言文明的表现。陈良璜（1997）认为，语言文明的具体含义包括语言层面和思想层面的洁净：语言洁净指合乎规范，在公共场合说普通话，不说粗话、脏话；思想洁净指实事求是，不说假话、空话、套话，不搞崇洋媚外，不要低级趣味。徐大明（2020）基于语言规划涉及语言管理和语言生活两方面，提出语言文明包括语言管理文明和语言生活文明。笔者没有使用"语言文明"的字眼，而是就文明社会用语提出了如下定义：文明社会用语就是指内容健康向上，对社会精神文明建设、对人们道德素质的提高和正确价值观与人生观的确立具有积极促进作用的社会用语。同时，这种社会用语往往传递一种正面的情感，给人以温情，给人以关爱，体现其人性化，体现情趣化和美感。由此可见，语言文明的内涵非常丰富，并不局限于语言礼貌或文雅。不能简单地将语言文明等同于文明语言、文明言语或礼貌语言。

比较而言，在上述关于语言文明内涵的表述中，陈汝东的观点最为全面，概括性最强，但仍有遗漏的方面。本书认为，一个国家或社会的语言文明可以区分为三个层面（图2.1）：全民层面，语言文明体现为完善的语言文字体系、完善的语言交际秩序和完善的语言交际环境；机构层面（主要包括行政管理部门与企业单位），语言文明体现为良好的语言管理和良好的语言服务；

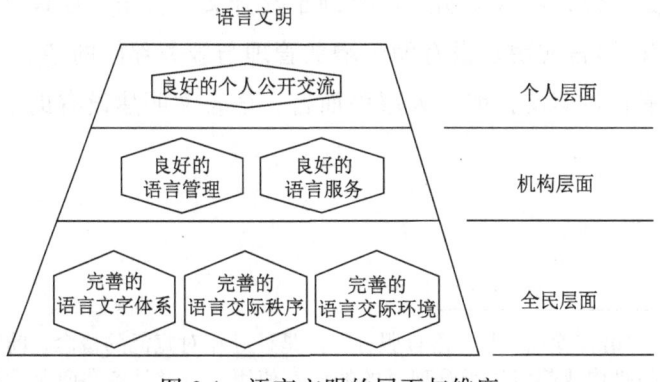

图 2.1　语言文明的层面与维度

个人层面，语言文明体现为良好的个人公开交流（社会个体私人场合下的语言交往不在其内）。

从语言规划角度讲，语言文明的全民层面，也是基础层面，涉及语言政策性规划与管理维度，由国家及地方语言规划与管理相关部门承担相应责任与工作；语言文明的机构层面涉及机构性语言使用维度，包括各种管理类人员之间的语言使用以及管理类人员面向管理对象的语言使用（即语言管理）、各种服务类人员之间的语言使用以及服务类人员面向服务对象的语言使用（即语言服务[①]），由各类社会机构承担相应责任与工作；语言文明的个人层面属于个体在公共场合下的语言使用维度（涉及社会个体之间在公共场合的语言互动、社会个体面向各类管理人员的语言使用以及面向各类服务机构人员的语言使用），由公民承担相应责任与工作。

三个层面相互联系又相互独立。一方面，全民层面完善的语言文字体系、语言交际秩序和语言交际环境是机构和个人层面语言使用的基础与保障，但发挥的作用各不相同：完善的语言文字体系为良好的语言使用提供资源，完善的语言交际秩序为机构和个人层面良好的语言使用提供规则，完善的语言环境为机构和个人层面良好的语言使用提供压力及动力。另一方面，机构层面与个人层面的语言使用基于不同的语言交际秩序和语言交际环境。机构层面的语言使用反映管理人员的管理理念或者服务人员的职业素养；个人层面的语言使用则反映社会个体的个人素养和品质。

语言文明是文明社会的重要标志，语言文明建设具有重要意义。就国家管理部门层面来说，语言文明建设有助于提升文化自信、建设文化强国；就机构层面来看，语言文明建设有助于增加管理与服务部门的亲和力和公信力，便于相关决策有效落实；就个人层面而言，语言文明建设有助于提升个人自我文明修养。

---

① 这里的"语言管理"与"语言服务"都是外延相对宽泛的概念，前者指任何带有某种行政权力的机构或部门出于管理目的的语言使用，后者是各类商业性机构、单位、团体出于当下或远期营利目的的语言使用。

第二节 语言文明的原则与规范

在很大程度上,"语言文明"是一个相对笼统的概念。上一节呈现语言文明的六个维度时使用了"完善的""良好的"修饰语[①],然而何为"完善"、何为"良好",无疑是非常笼统的。要将"语言文明"这个概念从一个笼统的概念变成一个操作性概念,需要明确其判定原则与规范,呈现其语言表现。

本书认为,体现先进性、进步性的语言文明(这里仅指语言管理、语言服务和个人公开交流,关于语言文字体系和语言交际秩序,会在第四节另外讨论)须遵循多重原则,至少包括以下原则。

(1)尚真原则:良好的语言使用崇尚遵纪守法,讲究真实、守信。格赖斯(Grice,1975)提出的会话合作原则中第一条准则就是质准则(包括讲真话、不讲没有根据的话)。是否讲真话,是一个人、一个单位、一个社会是否具有诚信的判断标准。在法律上有伪证罪、诈骗罪、诽谤罪等。一个人如果说话不算数或散布谣言,会逐步失去他人的信任;一个企业如果发布虚假广告或欺诈性广告,会失去消费者的青睐;一个管理部门如果发布虚假公告,会失去民心、民意。由此可见,判断语言是否文明离不开一个"真"字,真实、可信的语言使用才是文明的。

(2)尚善原则:良好的语言使用崇尚真诚友爱。孔子曾说过,"巧言令色,鲜矣仁","巧言乱德"(孔子,2015)。语言使用要符合社会的道德观念(陈汝东,1996)。荀子曰:"礼者,养也。"(荀子,2014)利奇(Leech,1983)提出礼貌原则,要求尽可能多地对他人表达礼貌,尽可能少对他人表达不礼貌。顾曰国(1992a)提出彬彬有礼与文雅准则。讲礼貌是一个人有修养的主要表现之一。管理人员应该讲究语言关怀,平等对待被管理人员,而不是居

[①] 陈汝东(1996)使用了"规范、健康、纯洁而有效的""科学、合理的""较高的""良好的"等修饰语,这些修饰语除"规范""纯洁"外也都是比较模糊、笼统的。

高临下，要善于传达温馨语言，营造"家"的氛围；服务人员应该讲究语言热情，礼貌对待被服务对象；社会个体在面对管理人员、服务人员以及其他个体时应该举止得体、礼貌待人。

（3）尚美原则：良好的语言使用崇尚文雅优美，符合审美情趣。这里的"美"有多层含义，包括：语言使用的形式美（如对仗）、音韵美（如押韵）、联想美（如比喻）、生动美（如拟人）、互文美（如用典）等；诙谐幽默；合理夸张；等等。陈汝东（1996）提出话语要与审美观念相适应的言语规律。顾曰国（1992a）将"文雅"看作礼貌的一个要素，要求语言使用者选用雅言，禁用秽语，多用委婉语，少用直言。

（4）尚省原则：良好的语言使用崇尚简洁高效。齐普夫（Zipf，1949）提出了省力原则，该原则又称经济原则（陈新仁，1994）。就语言使用而言，经济原则体现为两条对立统一的子原则——"说话人经济原则"与"听话人经济原则"，前者指说话人希望说得越少越好，以减轻编码语言的负担，后者指听话人希望说话人说得越多越好，以减轻自己解码语言的负担。现实世界中的语言使用需要在两条子原则间进行妥协，以达到相对"经济"。此后，格赖斯（Grice，1975）的量准则，荷恩（Horn，1984）的 Q-原则（量原则）和 R-原则（相关原则），列文森（Levinson，1987）的 Q-原则（量原则）、I-原则（信息原则）和 M-原则（方式原则）[①]以及斯波柏和威尔逊（Sperber & Wilson，1986）的关联理论都假定经济原则对言语交际的制约。

（5）尚宜原则：良好的语言使用崇尚得体、恰当。语言文明不文明，其判断不是绝对的，而是要立足语言发生的语境。在中国，面对任何一个身患绝症却不知晓病情的患者，都如实讲其病情的严重程度，未必是文明的表现；批评一个人时过于委婉也不一定就是真正的友善；不讲场合滥用文雅语言往往被看作是轻浮的表现；该提供详细信息却略而不语，与经济原则其实是背

---

① 荷恩的 Q-原则是在不违反 R-原则的前提下尽可能多说（say as much as we can, on the condition of R-principle）；R-原则是在不违反量原则的前提下，不说不必说的（say no more than we must, on the condition of Q-principle）。列文森的 Q-原则是按照对方的要求提供足量的信息；I-原则是不要提供超出对方要求的信息；M-原则是不要无故使用啰唆、晦涩或有标记的表达方式。

道而驰的。换言之，语言使用讲究合适的"度"，否则过犹不及。

基于上述原则，我们可以进一步提出用来辨别语言管理、语言服务以及个人公开交流是否具有文明性的语言规范与语用规范。

语言规范主要指的是涉及词汇、语法、标点、书写、语义、字体、字号、空格等方面的各种要求或规则。每门语言都有其语法书、词典或字典，规定了该语言中的词法或语法规则。至于标点、字体、字号、空格等，不同体裁（尤其是各类公文）往往会有相应的规定。因此，判断语言使用是否符合语言规范，可以观察用词是否准确、语法是否正确、标点是否正确、书写是否正确、语义是否清晰或符合逻辑、字体是否恰当、字号是否恰当、空格是否正确等。语言规范执行的好坏程度往往反映语言使用者文化素质的高低、办事态度的好坏。因此，从一定意义上讲，公共场合中的语言使用如果违反语言规范，可以将其看作语言不文明的表现。

与语言规范不同，语用规范涉及语言使用的合法性、礼貌性、优雅性、平实性、得体性等方面的要求或规定。

合法性是指语言使用要符合国家语言文字使用方面的法律、规范、标准等，不得涉及语言欺诈、语言腐败、语言暴力、语言恐吓、语言淫秽等，当然包括在必须使用国家规定语言、文字的场合使用相应语言和文字。合法性是尚真原则的基本要求。

礼貌性涉及人际互动中语言使用者的道德修养，主要体现在以下两个方面：一是语言礼貌，如个体之间、服务者与被服务者之间使用礼貌标记（"请""打扰一下"）、语气缓和标记（"谢谢""谢谢合作""敬请谅解"）、敬语（"您"）等；二是讲话体谅他人，如注意环境，不大声喧哗。高芳（2020）认为，良好的公民礼貌素养体现为在各种场合与持有任何身份背景的人交往时都尊重他人。行政执法人员（如民警）的语言文明表现为在可能的情况下使用温和的话语表达方式，体现以人为本、亲民爱民。礼貌性是尚善原则的根本要求。

优雅性涉及语言使用要在可能的情况下满足人们的审美情趣。就社会管理而言，特定场合下的语言文雅，如各类公示语等社会管理用语中的拟人、对仗、隐喻、转喻等，是语言管理的文明表现。优雅性是尚美原则的内在要求。

平实性特指面向社会公众传递公共信息的语言使用要真实、简洁、明晰、达意，不使用生僻字词、不生造晦涩表达，符合广大公众的认知水平，易于理解，晦涩难懂、故作玄乎、偏僻深奥的语言使用不利于公共信息的传播与接受。王玲、陈新仁（2020）认为，就公共信息传递的效率而言，要让公众在最短时间内捕捉到关键信息。可见，语用规范的标准之一是保证信息的准确性和透明性。杨保军（2020）也提出，国家需要在既有各种规范的基础上，进一步通过法律、政策保证事关公众利益的信息能够及时公开、透明地发布。平实性是尚省原则的必然要求。

得体性涉及语言使用的正式程度、情感色彩等，指语言使用要看交际情境、交际对象、交际任务、交际渠道等因素（孙小春和何自然，2019），庄重的场合要使用庄重的语体或文体，非正式场合要使用非正式的语体或文体，面对情感距离不同、权势距离不同的受众时，在语言选择上要有相应的差别，在实施特定职业行为时同样要使用符合该职业特点的语言。要根据交际活动类型选择特定文体，如该用公文格式的不能使用私人通信文体。此外，语言使用需要与相关事件或活动的时间节点相匹配。维索尔伦（Verschueren，2008）指出，语言形式或结构的意义会因为语境的变化而受到重大的影响。包括时间在内的语境变化会导致话语的意义变化：或者不再传达它原有的意义，或者不再发挥它原有的交际功能（陈新仁，2014）。得体性是尚宜原则的基本要求。

需要指出的是，并非每一次语言使用都显著涉及上述所有语用规范属性或某一属性的所有方面。比如，不是每一次交际都涉及优雅的表达。相对而言，合法性、礼貌性、平实性和得体性似乎更具广泛适用性，是语言文明的基础。合法性和得体性适用于所有公共场合中的语言使用；礼貌性更多地涉及个体之间以及各类管理或服务人员与社会个体之间的交际，是个体与机构层面语言文明的重要标志；平实性主要适用于公共信息传递的领域，是公共交际领域语言文明的重要反映。

语言规范和语用规范的确立具有十分重要的意义。首先，依据上述语言规范和语用规范，我们可以更好地推进语言使用的规范化，指导语言使用。所谓规范化，具体说来，就是指要求社会个体、机构的语言使用要符合语言规范和语用规范，这是语言文明建设的必由路径。其次，借鉴上述规范，我们可以更好地评价语言使用，具体来说，符合规范的语言使用可以定性为语言文明，违反规范的语言使用则是语言不文明。例如，一个人或机构如果违反礼貌性规范，就很容易被对方或他人评价为不文明。此外，语言规范和语用规范对于提高教学质量也具有重要的意义。《国家中长期语言文字事业改革和发展规划纲要（2012—2020年）》中就曾提及，推进语言文字规范的任务之一是提升学生语言文字应用能力。王丽（2020）也提出，做好语言文字规范化工作是继承和弘扬中华优秀传统文化的需要，也是提高师生语言文字应用能力、全面推进素质教育、提高教育教学质量的重要举措。

第三节 语言不文明的类别与语言表现

语言使用如果不遵循语言文明原则，偏离语言规范或语用规范，就会导致语言不文明。本节粗略概括语言不文明的各种情形及语言表现。鉴于本书研究主要聚焦城市语言文明建设，以下举例均来自城市用语（包括城市宣传语、广告语、告示语、服务用语等）。

一、语言讹误

具体涵盖形形色色的语言文字及格式错误，如语法讹误、用词搭配不当、错别字使用、标点不规范等。

二、语言暴力

具体表现为语言威胁、语言恐吓、语言冷漠等，违反了语言使用的尚真原则和合法性规范。例如：

例（1） 飞车抢劫，就地枪决！（某地标语）

例（2） 不准停车，违者放气（某社区宣传栏旁告示语）

例（3） 高压危险，电死不管（某住宅区的输变电设备上刷的标语）

例（1）、例（2）都明白无误地使用了威胁、恐吓性口吻，例（3）则传达了一种冷漠或冷暴力。

三、语言歧视

主要表现为各种不恰当（如过度概括性、有标记的）的称呼或指称，传递地域、性别、财富等方面的歧视，同样违反了语言使用的尚真原则和合法性规范。例如：

例（4） 坚决打击××籍敲诈勒索犯罪团伙（某社区街道）
例（5） 50万以下身价者 恕不接待（某楼盘）

诸如例（4）这样的标语存在地域歧视的嫌疑（Chen，2020）；诸如例（5）这样的房产广告有财富歧视的嫌疑。

四、语言欺诈

主要指商家使用各种话语方式（如夸张、隐喻）实施欺诈、诱骗等，违反了语言使用的尚真原则和合法性规范。例如（Chen，2020）：

例（6） 偏远地段——远离闹市喧嚣，尽享静谧人生
紧邻闹市——坐拥城市繁华
挨着臭水沟——水岸名邸，上风上水
楼间距小——邻里亲近，和谐温馨
能看见一丝海——无敌海景
边上有家银行——紧邻中央商务区
边上有个居委会——中心政务区核心地标
边上有家学校——浓厚人文学术氛围
边上有家诊所——拥抱健康，安享惬意

例（6）中这些楼盘宣传语通过语言美化的手段，实施了商业欺诈行为，违反了尚真原则和合法性规范，以至于很多业主购房后直呼上当。

五、语言恶搞

主要表现为偷换概念、滥用谐音、张冠李戴，用语不够严肃、庄重，有时是违反了语言使用的尚真原则和合法性规范，有时则是违反了语言使用的尚宜原则和得体性规范。例如：

例（7） 执发者（理发店名）

例（8） 法新社（理发店名）

例（7）中，店主故意借用了"执法者"的谐音；例（8）中，店主故意借用了著名国际新闻机构的名称。二者的做法都显得很不严肃。

六、语言粗俗

具体表现为使用引发不雅、庸俗等联想的表达，违反了语言使用的尚美原则和优雅性规范。例如：

例（9） 猪圈火锅（某饭店名）

例（9）中，该店名会让人联想到又臭又脏的猪圈。

七、语言污秽、露骨

具体表现为使用各种容易引发性解读、性联想的表达，违反了语言使用的尚美原则和优雅性规范。例如：

例（10） 我现在有空哦（带一妖娆女性插图的某招租广告）

例（11） "80后"供小三（某售楼中心）

例（10）中，"我现在有空哦"传达了招嫖的消极联想；例（11）中，楼盘销售商为了推销小三房，"别出心裁"地将"小三房"与表达情妇意思的"小三"关联在一起，实在是低俗不堪。

八、语言粗鲁

具体表现为强势性、侮辱性的语言使用，违反了语言使用的尚善原则和礼貌性规范。此外，语言粗鲁还表现在说话方式上，如公共场合大声喧哗、不合时宜地插话或打断别人说话等。例如：

例（12）小区内不得跳广场舞，你们这帮老头老太太不像话了，立刻散了！

在例（12）中，物业管理者使用的"不得""立刻散了"过于强势、不留余地，"老头老太太"的指称方式缺乏敬意，"太不像话了"过于苛责。上述语言使用不利于构建物业与业主之间的和谐关系。

九、语言媚外

主要表现为在命名自己的店铺时大肆借用外国名字，以洋为美，违反了语言使用的尚真原则和合法性规范。例如：

例（13）××士多（便利店名）
例（14）巴厘原墅 SPA（酒店名）

例（13）中，"士多"（来自英语 store）原本就是出售日用品、食品的方便店；例（14）中，该酒店其实就是洗浴中心。从本质上讲，考虑到外语具有一定程度的包装功能，语言媚外也多少带有一些语言欺诈的色彩。

十、语言繁冗

主要表现为一些公文、公告中充斥不必要的空话、套话，如"在信息爆炸、网络发达、经济全球化的今天""在……的领导下，在……的关心与支持下""时间飞逝，日月如梭"，违反语言使用的尚省原则和平实性规范。

十一、语言"僵尸"

一些宣传公告、海报等在相关活动结束后依然长期留存，违反了语言使用的时效性要求（可以看作得体性规范的一个方面）。例如，一些大型体育活动或商业活动举办完就结束了，但在城市的街头上仍然可以看到相关活动的宣传标语。

城市用语中出现的各种不文明语言现象，会直接影响城市语言景观打造，威胁城市语言文明建设，破坏城市文明形象建构与传播。

  需要指出的是，除了上述 11 种情形外，语言不文明可能还有其他一些类别，如语言贿赂或语言腐败。由于不涉及城市用语，不再一一叙述。

第四节 城市语言文明的建设维度

语言文明不仅是精神文明建设的重要组成部分，而且是国家软实力的重要指标。国家语委主任田学军在 2020 年 3 月 19 日召开的全国语言文字工作会议上指出，需要继续推动语言文字工作治理体系和治理能力现代化。其中，面向语言文明建设的语言治理离不开语言规范和语用规范的确立与落实。语言规范化和语用规范化是城市语言文明建设的重中之重，对各种语言失范和语用失范现象需要大力整治。可喜的是，《国家语言文字事业"十四五"发展规划》将社会用语规范作为主要目标之一。

基于本章第一节中提出的语言文明维度，本书认为，城市语言文明建设至少应该包括各个相应的维度。具体包括以下几点。

其一，城市语言文字体系的优化。除特定民族地区和对外交流外，倡导公共场合讲普通话，使用规范、标准的汉语语法和文字，不在普通话中滥用方言、古语、繁体字等成分，尽量不混杂使用口语与书面语，尽量不在母语中夹杂外来语言文字，尽可能保持城市语言文字的纯洁性，维护国家通用语言文字的法律地位。从语言政策与语言规划层面摒弃构成脏话、黑话、隐语、歧视语言的语言成分；适当控制外来语的数量与使用范围。

其二，城市言语交际秩序的完善。所谓语言交际秩序或言语交际秩序，是指社会生活中公众约定和建立的言语交际（或语言运用）的一系列规则、规定和政策法规以及整个社会的言语交际运行体制（陈汝东，1996），如我国法律规定的关于普通话、简化字使用的语言文字政策，民族地区政府发布的关于语言文字运用的法令、法规，公共管理部门发布的公共场合中的语言举止规定（如不许大声喧哗），社会公众共同约定遵守的语言交际原则（如合作原则、礼貌原则），一些领域或行业中某些成文的或不成文的语言使用规定（如旅游景点关于双语标识的使用规定），等等。

其三，城市语言环境的优化。语言使用发生在特定的社会环境中，社会环境对语言使用具有引导、制约作用。打一个比方，在一个清洁、优美的环境中，社会公众不容易产生吐痰的欲望，即使有，也可能会找一个适合吐痰的地方。"语言文明的程度与其赖以存在的社会文明程度是互为依存的。失去了积极健康的社会环境，语言文明将失去其存在的根基。"（陈汝东，1996：40）因此，要发展城市语言文明，必须大力建设良好的社会人文环境，营造礼让、热情、互助的社会氛围，让脏话、粗话、糙话、淫话没有滋生的土壤。

其四，城市语言管理能力的提升。城市管理往往要通过语言媒介来实施。要提升城市语言管理能力，各类政府部门就要（在现实与网络空间中）确保语言沟通渠道畅通、机制健全，要善于使用适合大众的沟通语言（如各种信息发布），对城市公共服务、商业、媒体等领域的语言使用要管理到位、规范，公共环境下的（现实与网络空间）语言景观要体现语言关怀、语言文雅，城市宣传语要传达正能量、反映新观念新风尚、体现时代性。如陈新仁（2018a：68）提到的：

例（15）

告 市 民 书

尊敬的市民朋友：

您好！

为全面了解当前南京城乡居民的幸福感受，市委市政府委托国家统计局江苏调查总队于12月15日、16日（周六、周日）组织"幸福都市"民意调查。本次调查不记名，以随机抽选形式进行（入户调查、随机问卷、电话访谈）。希望广大居民群众积极配合，共同推动南京幸福城市建设，衷心感谢您的支持与合作！

玄武门街道

例（15）中玄武门街道管理者没有像常规告市民书中那样使用"（尊敬的）各位市民"的称呼方式，而是使用了"尊敬的市民朋友"这一称呼方式，因而建构了一个非常亲民的管理者形象。

其五，城市语言服务能力的提升。文明城市离不开文明的服务。各类服务部门（在现实与网络空间）提供温馨、周到、热情、专业的语言服务是文明城市打造的重要支撑。在各个公共场合设置必要充分的语言提示、指示、警示，有助于营造生活便捷的城市形象；服务窗口高效、礼貌的接待，会让公众倍感温暖。如陈新仁（2018a：157）提到的：

例（16）（语境：南京某医院CT室等候区）
尊敬的病友：您好！！
　　欢迎您来到CT室，请您在我们护士的安排下，坐在座椅上耐心等候，我们会尽快为您安排检查。当喊到您的名字时，穿好鞋套，进入机房。敬请没有被喊到的病友不要进入操作间，以免X线辐射。谢谢您的合作！！

在例（16）中，CT室不仅使用了"尊敬的""您"等礼貌称呼，体现了语言使用的礼貌性规范，而且使用"病友"这样的称呼方式，建构了与就诊患者的朋友关系，这样的语用实践传递出暖暖的人情味，有助于维持、巩固医患之间的良好关系，是语言服务文明的高度体现。

其六，市民语言公开交流质量的提升。市民是城市的主体，是流动的语言标本。一个城市语言文明的评判最终往往要看广大市民是否拥有良好的语言修养和能力。如果"国骂"有损于一个国家的形象，那么"市骂"则会损害一个城市的形象。市民如何抑制在公共场合中不由自主地"市骂"，是良好语言习惯养成的重要方面。同样，市民如何避免在公共场合大声喧哗，如何杜绝不必要的"医闹""校闹"，如何与管理人员、服务人员礼貌地交流，如何讲与本人身份相符合的话，如何在网络空间得体地使用语言，都是市民自身语言文明建设的重要环节。只有全民的言语行为完全遵守并维护了语言文字体系的规范性、健康性、纯洁性和有效性，同时在科学、合理的言语交际秩序轨道上运作，语言文明才具备了客观现实性（陈汝东，1996）。

第五节 本章小结

本章在现有文献的基础上界定了语言文明的概念及维度。语言是人们各种交往赖以发生的主要工具，文明交往离不开语言的合适表达，因而语言是文明的重要载体。语言文明是人类文明的一部分，是社会文明的重要表现（张焕香和李卫红，2013）。我们提出，语言文明包括完善的语言文字体系、完善的语言交际秩序、完善的语言交际环境、良好的语言管理、良好的语言服务以及良好的个体公开交流。

本章还探讨了语言文明的原则及规范，前者包括尚真原则、尚善原则、尚美原则、尚省原则和尚宜原则，后者包括合法性、礼貌性、优雅性、平实性和得体性。语言文明建设不仅包括语言上的规范化，也包括（甚至更重要的是）语用上的规范化。基于这些原则和规范，本章以城市语言使用为例，呈现了11种语言不文明的情形，并基于语言文明的六个维度，具体讨论了城市语言文明的建设维度，即城市语言文字体系的优化、城市语言交际秩序的完善、城市语言交际环境的优化、城市语言管理能力的提升、城市语言服务能力的提升和市民语言公开交流质量的提升。

我们认为，语言不仅可以表达文明思想与行为，而且也可以用来建构现实，构筑语言环境，因而本身也是文明的组成部分。胡壮麟（2019）认为，语言文字不仅是构成社会文明的要素，而且会起到核心作用。徐大明（2020）更为具体地指出，在创建全国文明城市活动中，语言可以发挥重要的作用，可以介入廉洁高效的政务环境、民主公正的法治环境、公平诚信的市场环境、健康向上的人文环境、有利于青少年健康成长的社会环境、舒适便利的生活环境、安全稳定的社会环境、可持续发展的生态环境和扎实有效的创建活动等8个环境的建设和1个活动的开展。在前面提及的线上问卷调查中，受访者在回答"语言在社会文明建设中可以发挥什么作用呢？"时，提出语言可以"引导积极的社会风气、提升国民素质、减少冲突和矛盾、推进和谐社会建设""缓和社会冲突,提升社会文明"等看法。

总体来看,当代中国社会在物质文明不断推进的同时,精神文明也在稳步向前迈进,其中就包括了社会用语文明(Chen,2020)。然而,尽管倡导语言文明由来已久,在当代中国城市语境下,语言不文明问题仍以各种形式广泛存在。各种不良社会用语往往会给人们带来视觉污染,不利于人们树立正确的价值观和人生观,也会直接影响国家、地区、城市、行业或个人的形象,威胁社会和谐、人际和谐,对精神文明建设极具危害性。这说明,作为提升社会文明的路径与举措之一,语言文明建设的重要性突显。如何推进语言文明建设,解决全国文明城市(及乡村)创建中的语言问题,发挥语言在社会文明建设中的核心作用,仍需要进一步研究。

第三章　现实空间语言文明与不文明：案例与分析

　　基于前文的界定和分类，本章着重分析现实空间中的语言文明、语言不文明以及二者的话语表征。现实空间，指的是现实公共空间（或公共空间、社会公共领域），它是城市居民共享的空间，其话语特点在于公开性，区别于私人场所中的个人话语（Allan & Burridge，1991）。社会公共空间可按地域分类，如城市或乡村公共空间；也可按话语媒介和方式分类，如网络公共空间和电影、电视等媒介公共空间等。现实公共空间语言文明与不文明状况，涉及管理部门、企业和个人三个层面。

第一节 管理部门层面的语言文明与不文明

城市精神文明的建设离不开语言文明的建设。徐大明（2020）指出，城市语言文明的建设可以配合在我国开展的建设社会主义精神文明的工作。近年来，语言暴力、语言歧视、语言粗鄙化等不文明现象随着互联网的传播逐步扩散，呈现出扩散范围广、扩散速度快的特点，甚至在管理部门中也存在语言不文明现象。王玲和陈新仁（2021）指出，管理部门的个别标语存在错字、语义逻辑不通、性暗示、内容和格调粗鄙等问题；对语言使用者的调查数据显示，这些问题标语不仅会给民众带来负面情绪，同时还会严重损害管理部门形象。

从现有文献来看，关注管理部门层面语言使用状况的研究，多数是针对语言腐败等某个具体的语言现象展开的分析（苏金智，2013；郝宇青和李婧，2013），抑或是从单一的载体（如标语）出发对管理部门语言不文明现象进行调查并提出治理思路（王玲和陈新仁，2020），但什么是语言不文明？管理部门语言不文明现象有哪些？它们有哪些类别与表现形式？这类研究较少。

当前管理部门的语言交流形式主要有三类：官方标语、官方公告与官方回复。从形式与功能来看，官方标语又与官方公告和官方回复存在差异。官方标语，大多简洁凝练，形式多变且修辞丰富，能通过有限的字符直观地反映传播者的意图，给予受众强烈的视觉冲击，具有鲜明的宣传性和灌输性；相比于官方公告和官方回复，管理部门公布的标语口号，其作用不仅在于信息的传达，在某种程度上还在于对某一内容或者形象的塑造（申唯佳，2018）。因此，以下将对官方标语、官方公告和官方回复中的语言文明与不文明分开阐述分析。

一、管理部门层面语言文明与话语特征

管理部门语言文明存在于各种交流方式中，有显性表现形式，也有隐性表现形式。

（一）显性语言文明

官方标语、官方公告和官方回复中的显性语言文明包括以下两个特征。

1. 表述规范，逻辑通顺

各类管理部门有依照《中华人民共和国国家通用语言文字法》（以下简称《国家通用语言文字法》）监管语言文字应用和提供语言文字公共服务的职责（国务院办公厅，2020），因此管理部门必须使用符合国家通用语言文字规范标准的语言文字，杜绝错别字、语法正确、用词准确、语义清晰且符合逻辑，对于标语、公告等不同的体裁，要注意字号、字体、空格、标点的正确使用。

2. 文明用语，得体礼貌

在用语方面，不使用粗暴、带有诅咒性质的字词，使用"请""谢谢"等礼貌用语。

例（1）近期，×市机构改革工作进入全面实施阶段。"×市人民政府门户网站"将循序渐进配合做好网站内容调整工作，在此期间或存在公布信息与实际情况不符的现象，给您造成不便，敬请谅解。（某市人民政府门户网站公告）

例（1）的公告表述清晰简洁，先是点出网站内容需要调整的原因，之后说明网站调整过程中可能出现的问题，提醒网民注意，还使用了"您""敬请谅解"这类礼貌用语，友善委婉，用语得体，使整篇公告充满温情。

（二）隐性语言文明

隐性语言文明主要强调管理部门层面的标语口号等使用的语言文字能够传递正面情感，让读者感觉真诚、温暖。某些标语口号虽然不使用低俗词语，表达也符合语言文字规范，但仍会让人不舒服，这样的话语特征，也不符合语言文明的要求。具体来看，管理部门层面隐性语言文明特征包括以下几点。

1. 内容真实，积极健康

例（2）早发现、早报告、早隔离、早治疗，对自己负责，对他人负责。（某街道防疫宣传标语）

例（2）中的标语以 4 个"早"强调了疫情期间及时采取相关措施的重要性和必要性，又精准地点出发现、报告、隔离、治疗这 4 个步骤，既让民众认识到疫情可防可控可治，又用简洁的词语让民众迅速地了解如何正确处理疫情，而"对自己负责，对他人负责"点明了这些措施能够保障自己的身体健康，同时也是社会责任感的表现，有利于加强社会凝聚力。比起利用诅咒、辱骂来达到威慑效果的标语，它不仅宣传了科学的抗疫知识，还传递出"我为人人，人人为我"的集体主义精神。

2. 风格优美，美好和谐

语言风格是指语言表达上形成的作风和气派，具体表现为词汇、句法、音律、辞格、章法等各种语言手段和表达方式综合运用所形成的具有一定系统性的语言特点。① 风格典雅的语言，善于使用排比、用典等修辞手法，使语言既显典雅风趣又寓意深远，给人以高雅严谨之感。

例（3）共饮一江水，同讲普通话，雅语传文明，羊城美如画。（广州市宣传口号）

---

① https://www.termonline.cn/word/122167/1#s1[2022-01-17].

例（3）的宣传口号表述简洁、表义清晰，庄重典雅。首先，这种语言表达方式在内容上让受众很容易获取并理解宣传口号传达的意义和希望实现的目标，即倡导使用普通话、实现语言文明的意图。其次，这个宣传口号蕴含深厚的的文化底蕴。"共饮一江水"巧用了李之仪《卜算子·我住长江头》中的"共饮长江水"一句，以江水共系情感纽带，将男女之情扩展为中华儿女团结之情，传递出积极正向的情感，让读者感觉真诚、温暖。再次，此宣传口号用词讲究，"共饮"与"同讲"相对，表明普通话是凝聚人心、形成文化认同的关键力量。最后，善用别称，"雅语"指普通话，突出了普通话的规范性、文雅性特质，而"羊城"是广州市的别称，源于五羊降福的古老传说，体现出广州悠久的历史和独特的民俗文化，有助于提升当地人的文化认同。"雅语"和"羊城"相连，还强调了普通话在建设文明城市和美丽家园中的重要作用。

3. 情感正面，温暖真诚

语言文明不仅体现在语言规范与风格方面，语言中传递的正面情感也是语言文明的重要部分，令人感觉暖心的语言通常展现出换位思考与关怀利他的特点。

2021年春节返乡之际，某市新冠肺炎疫情防控工作领导小组办公室的回复让许多人点赞，当问能不能从北京回家过年时，该新冠肺炎疫情防控工作领导小组办公室回复如下：

例（4）中高风险也能回去，只要提供48小时内核酸，除非是中高风险区里全域封闭管理的街道回去的，才要集中隔离。（第一次回复）

想家了吧？多久没回来了？想回来就回来吧。只要你在的街道没有封闭起来，你就可以回来。（第二次回复）[1]

例（4）中的回复体现出浓烈的人文关怀，首先在称呼上就拉近了距离，

---

[1] https://weibo.com/2803301701/LchlYdURb[2022-01-24].

"你"一般用于长辈对晚辈的称谓,"您"一般是晚辈对长辈的尊敬称谓,在第二次回复中用"你",就如一位和蔼的长辈安慰未归家的游子,十分亲切;其次在句式的选择上也十分贴切,连用两处疑问,并运用了"吧"表示建议,表达了对游子的关心,也让其感受到被理解与被尊重;最后是回复中体现了将心比心的善良,回家过年与亲友团聚是众多游子的心愿,该市新冠肺炎疫情防控工作领导小组办公室明确告知封闭要求打消游子顾虑,并对游子的返乡行为表示理解与欢迎。因此该市被众多网友称赞为"有温度的城市"。

4. 为民服务,良性互动

语言文明要求管理部门展现出为人民服务的职业道德,必须真正认识到权力来自人民,执法为民,了解民众的诉求,切实解决民众关心的问题。当有网友在某市卫健委微信公众号中反映孕妇住院难问题后,该市卫健委立刻回应"电话发我"[①];某县为了方便返乡人士和市民停车,发布免费开放城区所有停车位和停车场的公告[②]。上述例子或霸气或严谨,共同点都是切实关注民众需求并迅速落实,展现出良好的服务效率与服务品质,而非利用语言敷衍了事。

管理部门传统的语言交流形式大多是单向告知民众,而随着互联网的发展,交流形式日趋多样。管理部门需要回应以解释公众疑惑,主要体现为重视民众提出的问题,在充分了解对方的目的、疑惑后进行积极的反馈,保持管理部门与民众之间正向的情感沟通以及良好的双向交流。如上文中某市新冠肺炎疫情防控工作领导小组办公室的回复,既解答了游子的疑问,又传递了关怀与和谐。

适当运用幽默的语言,有利于促进管理者与民众之间的互动,既能拉近与民众的距离,又能让管理者的理念与观点更好地被接受、被理解。

再如,当肯德基和麦当劳分别使用"在此为您服务"和"离您更近"这样的竞争口号进行宣传时,国家消防救援局官方微博@中国消防发布微博称:"你们俩(指肯德基和麦当劳)打架我不管,姓 m 的这位,离我更近看得更

---

① https://www.weibo.com/1846816274/La84M701h[2022-01-10].
② http://95.luaninfo.com/laxw/gcwx/content_83247 [2022-01-16].

清楚：防火卷帘门下堆放物品属于违法行为！必须立即改正！"①

该回复使用了幽默的话语，将麦当劳与肯德基称为"你们俩""姓 m 的"，既有拟人之意，又将西文字母套进中式称呼中，这种反差使人感觉十分新奇，并将麦当劳与肯德基的商业竞争称为"打架"，之后如同亲临现场，以执法的口吻告知麦当劳改正行为，回复充满口语色彩，但又不失严肃态度，既起到警诫作用，又以生动易懂的方式宣传了消防知识，传递出严肃活泼的作风。管理部门在利用官方微博、微信公众号等自媒体媒介进行宣传沟通时，适当采用幽默的话语，可以拉近与网民的距离，在服务民众的同时也能更好地被监督。但幽默并不等于庸俗与粗俗，应当注意使用场合与使用对象。

二、官方标语语言不文明类别与话语表征

文明的标语有助于提升管理部门的话语权和威信力，反之，不文明的官方标语则会污染语言环境，不利于建设文明社会。

不文明标语的表现形式主要有两个维度：显性标语语言不文明与隐性标语语言不文明。

（一）显性标语语言不文明

显性标语语言不文明主要体现在直接违反国家通用语言文字规范标准，且直白地使用粗暴、咒骂的词语。可以分为以下几类。

1. 含有错别字等，不符合国家通用语言文字规范标准

例（5） 文明从细节坐起，城市因你而美丽（某城市公益宣传标语）

例（6） 搋抱绿色生活（某县城宣传标语）

例（7） 科学致贫，精准扶贫，有效脱贫（某镇人民政府公路标语）

例（8） 坚持以人为本，执政为名

---

① https://weibo.com/3549916270/GcCIPhGvw[2022-01-24].

例（5）中"做起"误写为"坐起"，例（6）中"拥抱"误写为"捔抱"，这些错别字反映出管理部门存在语言文字素养不足及文字审查不严的问题，而例（7）、例（8）中不仅含有错别字，同时这些错别字会引发不好的联想。例（7）中本应是"科学治贫"，现在却变成"科学致贫"，给人以荒唐之感。例（8）中的"执政为民"，被误写为"执政为名"，从为了人民变成为了功名地位，严重违背了共产党的执政理念。这些错别字易引起读者不良的联想，也可能会在一定程度上引发人民群众对相关管理部门公信力与执行力的不信任。

2. 表述混乱，逻辑错误

例（9）热烈祝贺××县成功纳入国家集中连片特困地区，成为新时期国家扶贫攻坚的主战场。（某县人民政府宣）

例（10）养女不读书，不如养头猪。（某地义务教育宣传标语）

该类标语逻辑混乱，格调低下。例（9）中，"热烈庆祝"通常用于喜事并表示高兴或纪念，然而某县却认为被选入国家集中连片特困地区是值得庆祝之事，这种"炫穷"的背后传达出脱贫靠帮、靠等的消极心态，引发公众对贫困县评选公正性的质疑。例（10）的标语的目的是希望当地重视女性的义务教育，进行相关知识的普及宣传。标语的出发点无疑是正面积极的，但在语言文字表达中，将"养女"与"养猪"并行比较，给读者造成一种用词粗俗、暗含女性可以与牲畜相提并论的不良印象，从而使得实际的效果与主观的美好愿望相背离。

3. 使用粗暴、恐吓、威胁、诅咒等用语

例（11）出门聚会的都是无耻之辈，一起打麻将的都是亡命徒。（某地新冠肺炎疫情防控标语）

新冠肺炎疫情期间，各地涌现了大量的抗疫宣传标语，但是有些低俗的标语却暴露出某些地方管理部门语言能力的不足。例（11）的宣传标语原本是要提醒社会民众做好居家隔离，避免外出，但却使用了"无耻之辈""亡命

徒"等字眼，从而让读者感受到明显的语言恐吓或者语言威胁。此外，该标语还使用了判断句与"都"加重语气程度，没有具体问题具体分析，而是以"贴标签"的形式进行诅咒。虽然蛮横的标语可能会起到一定的威慑效果，但是暴力字眼背后显示的是冷漠的管理态度与粗暴的管理手段，没有将公众视为平等交流的对象，体现出该管理部门缺乏为人民服务的意识，容易引发民众的抵触心理。

（二）隐性标语语言不文明

隐性标语语言不文明指并未直接违反国家通用语言文字规范标准，且未直接使用粗俗的词语，但是隐含了消极的内容与情感，令人反感。隐性标语语言不文明包含以下几类。

1. 传递引发负面形象

隐性标语语言有时会传递出一些有损管理部门形象的负面内容，比如个别管理者滥用权力的现象。例如：

例（12） 来点赞助放你一马（某镇政府标语）

例（12）的标语以文字与漫画组合的方式出现。文字标语"来点赞助放你一马"，从读者的角度能感觉到该标语的发布者居高临下的态度与命令式的口吻，这不符合行政人员为人民服务的公仆形象。显然，这种话语会放大行政管理的负面形象，容易引发民众的批评心理。

2. 暗含性暗示

例（13） ××，一座叫春的城市（某城市曾用宣传语）

例（13）的宣传标语，运用双关手法，"叫"有"称为"的意思。然而，"叫春"又有"动物发情时的呼叫声"之意，带有浓烈性暗示的意味，以粗俗低下的表达博大众眼球，获得了热度，但却抹黑了该城市美好的形象，不利于营造健康向上的城市人文环境。

3. 语言歧视

语言歧视包括性别歧视、地域歧视等内容。

例（14） 做一个好主妇、好母亲是女人最大的本事，为什么非要削尖了脑袋、累吐了血跟男人争资源、抢地盘呀？（某地民政局婚姻登记处广告牌）

例（15） 要钱还是要命，要命就不要去××。（某地曾用疫情防控标语）

例（14）看似运用"劝诫"的口吻告诉女人不要跟男人争资源抢地盘，但却用了"最"这一表示在程度上达到极点的副词定义女性的价值。"做一个好主妇、好母亲"的确是女性的成就之一，然而女性实现价值的途径多种多样，这种单一化思维实际上体现了重男轻女的歧视观念。这一广告牌原本挂在民政局调解离婚家庭的辅导室，原本想拿来挽救破碎家庭，却没有起到应有的劝解作用，同时有悖于男女平等的理念。例（15）是新冠肺炎疫情防控期间某地使用的标语，其本意是想告诫当地民众近期不要去某个疫情严重的地方，但却用了选择连词"还是"过度渲染紧张感，后一句则隐含了"去该地的人不要命"这一意义。该标语严肃冷漠的口吻反映出"各扫门前雪"的心态，显然不利于营造全国上下共克时艰的积极氛围。

三、官方公告和官方回复语言不文明类别与话语表征

从形式上看，官方公告和官方回复不同于标语的简短有力，它们往往篇幅较长，表达的内容也更加具体、丰富。从功能上看，官方公告是"行政机关基于行政目的，公开告诉行政相对人一定事项的行为"（侯莹和王杰康，2014）；而政府回复是政府在公共管理中，对公众的需求和所提出的问题做出积极敏感的反应和回复的过程（李国青和杨莹，2013）。比起标语口号，官方公告和官方回复都重在表达或是交流。随着时代的发展，官方公告和官方回复的表达形式也更加多样化，从原先的新闻媒体采访、报纸发布到现在的官方微博、微信。这有利于官方同大众实时交流沟通，然而一旦出现语言不文明现象，公众的负面舆论也将被即时反映出来，并随着网络的传播迅速扩大

影响，产生舆情危机，甚至滋生出谣言与阴谋论，降低公众对管理者的信任，削弱政府的权威与公信力。

（一）显性语言不文明

官方公告和官方回复显性语言不文明主要包括两类。

1. 语言使用不符合通用语言文字规范

有网友就某县人社局工作人员迟到且态度恶劣进行投诉，该县人社局对此进行书面回复，然而仅400多字的回复中就出现4处错别字，其中"赓即"写成了"康即"，"愉快"写成了"愉协"，"工作"写成了"江作"，"人力"写成了"人为"。①这些错误体现出公职人员语言水平不足，同样表现出敷衍、浮躁的工作作风与态度。

2. 使用粗暴、侮辱性的词语

政府部门开通官方微信公众号，积极与民众进行贴心、温馨的沟通，是新时代全心全意为人民服务的良好实践。然而，极个别地方政府的官方微信公众号聘用的工作人员由于素质低下，对民众诉求的回复与上述做法背道而驰，如使用"不说话没人把你当哑巴""我仿佛听见了一群蚊子在嗡嗡嗡"等恶劣回复，前一句用"哑巴"进行侮辱，后一句则将民众的诉求比作"一群蚊子在嗡嗡嗡"，语气冷漠，态度粗暴，传递出消极怠工的情感，不仅没有回答民众的问题，反而对其进行人身攻击，有网民斥其为"负责官微的工作人员满腹怨念酒后发泄"，可见该回复产生的影响十分恶劣。②

官方公告和回复与标语相比，篇幅更长，语体更正式，显性的语言不文明现象出现概率更低，更多地表现为隐性不文明语言现象。

（二）隐性语言不文明

官方公告与回复中隐性语言不文明主要是指语言腐败现象。

---

① http://yuqing.hebnews.cn/2020-09/18/content_8114674.htm[2022-01-25].
② https://society.huanqiu.com/article/9CaKrnK8gBX[2022-01-25].

语言腐败是一种语言污染现象，是指语言使用者为了遮蔽所述事件而使用不符合事实的语言（李想，2020），在管理部门层面，腐败的主体是掌握和利用公共权力的管理部门，其依靠不符合事实的变质语言，获得法律法规和行政道德所不允许的超常利益，主要表现形式有两类。

1. 使用不符合事实的虚假言辞掩盖客观事实

2021年疫情防控期间，某街道新冠肺炎疫情防控应急指挥部对网络上流传的关于宠物被扑杀的视频进行情况通报，称"现场工作人员在未与该网民进行充分沟通的情况下，将宠物狗进行了无害化处置"[1]。此通报一发布，就引发众多网友议论，议论的焦点在于通报失实，故意含糊了扑杀的细节。在网友看来，该通报反映了指挥部没有正视民众防疫期间合理安置宠物的诉求，有意回避杀死宠物狗的责任，是语言不文明的表现。

2. 语言表述含有推诿、威胁等色彩

在21世纪，语言腐败又有了新的表达形式，它们虽以温暖的语言为外壳，但采用推诿、威胁等手段回避民众，令民众感觉心理不适。

例如，某市一区政府曾发布"五一"期间只安排公安局种树的消息。有民众对这一安排产生了疑问，便在该区政府网站的区长信箱上留言询问情况，谁知得到的回复中竟包括"如果对此有不满，建议另谋高就"的话。[2]从语用学角度看，该回复话语虽然运用了"建议"这种商量式字眼，但实质隐含了威胁之意。显然，这样的回复可能会引起被回复的当事人的反感，表明回复者并没有真正做到乐于倾听民众心声。

管理部门负责维护城市的形象，它的权威性与强制力使其地位与功能远大于其他组织机构。管理部门发布文明标语、公告或者回复，在某种程度上可以改善或者提升管理部门的形象。因此，管理部门应该尽力避免标语、公告或者回复中的语言不文明现象，助力城市文明的建设与发展。

---

[1] http://k.sina.com.cn/article_1618051664_6071825004000vy78.html[2022-01-25].
[2] https://www.sohu.com/a/230614684_115479[2022-01-26].

第二节　企业层面的语言文明与不文明

企业虽然在责任等方面与管理部门不同，但其工作人员的语言文明问题同样是语言文明建设过程中不可忽视的重要内容。

一、企业工作人员的语言文明及话语表征

企业工作人员在工作环境中须遵循各种行为规范，在言语交际与互动上需要符合其自身特点。企业语言文明可以区分为显性语言文明和隐性语言文明。

（一）显性语言文明

企业工作人员的显性语言文明，一方面带有特定行业的特色，有各行各业的话语系统，比如行话、术语等，另一方面具有语言文明的普遍特点，比如服务业工作人员会使用礼貌的欢迎语、问候语等用语。

1. 文明用语，礼貌先行

文明用语是语言文明中最直观醒目的表征，如企业中的服务业工作人员的行业用语，不仅有基本的称谓语，而且在称谓上多用敬称，如"您"，在语言表达上多用"请"等词语。这样的文明用语是语言文明最基本的体现。

2. 平等尊重，表述规范

企业工作人员在工作中需要以平等的态度对待他人、尊重不同互动对象。"谢谢"等用语体现出文明社会里平等的对话状态，对营造和谐的对话环境十分重要。同时，语言文明不仅要求文明用语，还要求语言使用的规范化，没有出现词语乱用、错别字等现象，表现出应有的基本文化素养。

（二）隐性语言文明

隐性语言文明是指语言使用或者表达真诚，话语温暖，传递正能量。

1. 真实话语，积极履职

2021年，一名微博网友发文感谢中国国际航空公司（简称"国航"）空姐[①]，引发广泛关注。国航空姐的小纸条，让该网友感受到了温暖，也受到了大家的一致好评。

例（16）女士您好，中间爷爷年纪大了，是否给您造成不便？需要为您换座位？（国航空姐）

国航空姐发现乘客面临不适处境后，立即采取行动，积极履行自己的职责；在给顾客的纸条里，陈述事实，换位思考，充分表达对顾客的理解与照顾，让乘客感受到了关心与爱护，体现出其专业的素养与态度，不失为职业话语使用的典范。

2. 语气缓和，巧用句式。

某旅游公司倡导文明旅游，公司的导游向游客发出倡议：

例（17）尊敬的各位游客，很荣幸能和您一起出游，在您欣赏美景的时候，也请您注意文明旅游，保护生态，旅途中不乱扔垃圾。当您徜徉花海，一定不愿看到彩色塑料袋随风飞舞；当您驻足湖边，断然不愿有人把这当成天然浴足池……

导游在提倡游客文明旅游的话语表达中，通过使用"尊敬""荣幸""您"这类词语先传达出对游客的尊敬之意，再通过使用排比句式"当您……，一定不愿……；当您……，断然不愿……"，将游客带入具体的情景，晓之以情，动之以理。结构相似、内容相关、语气一致的排比句式的使用，首先可以让需要表达的内容相对集中，增强气势，其次让听者感受到和谐的节奏，说话

---

① https://m.thepaper.cn/baijiahao_12256072 [2022-01-27].

人可以更好地抒情，且显得热情洋溢，更易打动听话人。最后，用排比句来传情达意，层次清楚，情感传达细腻，形象生动，不严肃呆板，从而可以收到良好的效果。

同样，国航空姐在给乘客的小纸条中连用两个问句——"是否给您造成不便？需要为您换座位？"这样的表达让乘客感到被尊重、被理解，征询乘客意见的同时，让顾客充分体验到被关心、被照顾。疑问句是"因疑而问"（陈丛耘，2020），区别于反问的"无疑而问"，在语气表达上具有缓和的效果，能迅速拉近对话双方的距离，使得沟通以更为坦诚的方式进行。

3. 充实高效，得体适当

2021年2月，某面馆倒闭，老板觉得赔钱还可以，但不能赔诚信，决定贷款给顾客退费，并在店面前张贴出退款公告：

> 例（18） 近期有传闻××拉面跑了，让我们诚惶诚恐，××拉面团队非常感恩热情的顾客陪我们走过大半年的成长路程，但是因为房租临近到期及公司战略调整，××拉面将搬迁到×城。××拉面是一个初创企业，服务顾客尚在蹒跚学步，又怎么先学会"跑"呢？

这则退款公告条理清楚、层次分明。首先以传闻为因，通过简单、通俗的表达将顾客最为担心的问题"××跑了"提出；通过"诚惶诚恐""非常感恩"等表达亮出企业的态度，明确自身的立场，直接将开篇的传闻予以否定；其次使用"但是"转折词的使用，承认现实困境并解释原因，情真意切，不逃避不推卸。最后，借助反问句来传递出"××企业绝不会跑"这样一种非常肯定的含义。反问句的使用不仅加强了公告的语气，发人深思，激发读者的感情，加深读者印象，还增强了退款公告的气势和说服力，为退款公告奠定一种激昂的感情基调。

4. 温暖真诚，话语恳切

语言文明还体现在温暖真诚的语言风格上，这类语言风格，不仅体现出说话人换位思考的能力，还表达出其充分的人文关怀，具有"利他"的倾向。

同样是新冠肺炎疫情暴发期间，面对八旬老人鲁大爷，医院的医护人员努力传递着温情[①]：

例（19）——大爷，热水不多了，再给您打点热水！（护士）

——大爷，您得多吃饭才能增加营养。有抵抗力，病才能快快好！（护士）

——大爷，您胃口不好给您送点水果，多吃点好！（护士）

从称呼语来看，温暖真诚的语言风格能够表示尊敬和亲近。"亲疏是人际关系的横轴，决定相互性的称呼模式。"（祝畹瑾，2013）人际关系较远的对话双方，往往采用人称代词的敬称，如"您"；或是"姓氏+职衔"，如"王主任"；或是通用称呼语，如"女士"。关系较近的对话双方，则可以采用更灵活的称呼手段，如"大爷"，带有亲切的意味。

从对话内容看，温暖真诚的语言风格，往往在表达交际意图的同时附带祝福等，从而达到一种中和的状态，缓冲铺陈直叙带来的生硬、刻板印象，增进人与人之间的情感交流与流通，带来温暖与善意。护士对于患者的关心同样呈现出这样的特点，"有抵抗力！病才能快快好！""多吃点好！"都表达了对患者恢复身体健康的殷切且真诚的期盼。

二、企业语言不文明及话语表征

企业工作人员的语言不文明包括显性和隐性两类。

（一）显性语言不文明

企业工作人员语言不文明的主要特点是使用粗暴、侮辱性的词语或者使用具有攻击性、歧视性的用语。具体表现为以下几类。

1. 粗俗詈语，出口成脏

2018年，"10·28"重庆公交坠江事故引发广泛舆论关注，在后续的调

[①] http://yantai.sdchina.com/show/4493273.html[2022-01-28].

查中发现公交车的"黑匣子"保留了一定的监控视频资料,从其公开的部分内容,不难发现当时车内司机在与乘客的话语互动中存在显性语言不文明的情况。

粗俗詈语是社会群体显性语言不文明现象中最为直观的表现。这类语言表达违背了言语交际得体原则中的"礼貌准则"。它给听话人以被冒犯、不受尊重等直观感受,多表达消极、负面情绪,如愤怒、憎恨、嫉妒、恐惧、悲哀、失望、厌恶(周荣,2000)。使用粗俗詈语是说话人采取的一种表达个人情感、宣泄个人情绪的手段,同时也是语言粗鄙的表现,在日常交际中,这些粗俗詈语甚至被当作口头禅,给言语交际带来负面影响;在职业领域,粗俗詈语的使用违背了职业行为规范,是语言不文明的体现,个体不应将粗俗詈语带入职业角色中。

2. 语言歧视,滥贴标签

某些房地产企业为了刺激特定人群的消费欲望,在房产销售广告中会使用带有歧视性的语言,如"50万以下身价者恕不接待""××'首席'富人区——只为一个阶层而生"。语言歧视通常和弱势社会群体紧密关联,性别歧视、种族歧视、地域歧视、就业歧视等歧视意味通过话语传达出来,在言语交际的过程中将造成很大的负面影响。

3. 语言威胁,逼迫就范

语言威胁具有明显的攻击性,宋晶晶(2013)认为,语言威胁指一方凭借自己的权力和优势地位,通过语言,将自己的意志强加给他人,使其产生恐惧情绪而屈服。譬如,某些企业在销售过程中,肆意执行霸王条款,强买强卖。

2019年,某高铁站一男子与检票员发生冲突后死亡。[①]在该事件中,双方发生激烈的肢体冲突,言语沟通不当是引发这一悲剧至关重要的因素。死者小儿子无票但想送哥哥一家离站,被检票员拦下,双方发生口角,据死者

---

① https://www.bilibili.com/video/av54301955/[2022-01-29].

的小儿子回忆，双方对话大致如下。

例（20）
——你没票你就出去。（检票员）
——我来这边时间久了，我知道规矩，我不过安检口。（死者的小儿子）
——你再不出去我搞死你全家。（检票员）
——现在是法治社会，你不能有这样的言行。（死者）

上述案例中，高铁站检票员对死者家属放言"你再不出去我搞死你全家"带有明显的恐吓意味。语言威胁在言语交际中表现出不平等对话的状态，使得听话人在心理上不平衡，感到受到冒犯。

（二）隐性语言不文明

企业工作人员的隐性语言不文明的主要特点是话语表达基本符合语言文字表达规范，没有使用低俗、詈骂等词语，但仍能让对方产生明显的不被尊重的感觉。具体的表现如下。

1. 语气强硬，句式生硬

同粗俗俚语、威胁、歧视等词相比，语气（式）往往在言语交际中表现得更为隐秘，但同样具有重要作用。根据句子的功用类型，语气（式）可分为陈述、疑问、祈使、感叹、呼应五种类型（沈阳和郭锐，2014）。《新编英汉语言学词典》将 mood（语气，式）定义为：指某一语言的不同语气形式，如陈述式、疑问式、祈使式、命令式、虚拟式、条件式、劝告式、渴望式（戴炜华，2007）。

例 20 中的高铁站检票员对死者家属说"你没票你就出去"。"你……就……"的句式，是命令式的典型表征。命令语气是汉语中祈使语气的小类，分为"具有权威性"的"强命令"和"具有交际合作性"的"弱命令"（王丹荣，2017），"你……就……"属于前者。强命令的表达基于对话双方不对等的地位，给听话人造成冒犯、不安的直观感受。

"你说啊？你说啊？你有什么事你给我说？"等言语，是反问语气。反问是疑问的一个小类，利用疑问的句式表达肯定的语义，借用反问传达更强烈的情感。疑问分为"因疑而问""无疑而问"两类，反问是后者，"它只问不答，答在问中"（陈丛耘，2020）。

命令式、陈述式、反问式，在这些事件中都是相对强势的一方对相对弱势的一方采取的会话策略。命令式表达直白而显得僵硬且不近人情，陈述式则因缺乏缓和的语气词、委婉语等而显得生硬，反问式则在一定程度上表现出说话人的优越感。先入为主、趾高气扬的态度，往往显示出其错误的自我身份认知，即过高的身份标榜，违背相关职业的身份要求，表现在语言上就是粗暴、轻蔑、诘问的语气。

2. 重复空洞，拒绝合作

法国语言学家马丁内提出语言经济原则，他指出，一方面，说话人需要传达自己的信息，表达自己的想法，从而达到一定的交际目的；另一方面，他又要尽可能少地付出脑力、心力和体力，从而做到最省力（转引自韩芸，2007）。格赖斯提出的"合作原则"包括量准则、质准则、相关准则、方式准则。量准则要求"所说的话应包含为当前交谈目的所需要的信息""所说的话不应包含多于需要的信息"；质准则要求"不要说自知是假的话""不要说缺乏足够证据的话"；相关准则要求"所说的话是相关的"；方式准则要求"避免晦涩""避免歧义""简练""有条理"（索振羽，2014）。语言经济原则、合作原则都要求语言表达的真实性、有效性与高效性。诸如"我没有吗？我没有吗？"重复性话语会导致沟通、表情达意的低效，在重复中产生内耗，使得对话双方逐渐失去耐心，引发矛盾。

一些恶性事件的发生，很大原因是因为当事双方没有进行得体的言语交流，违背了得体原则，同时缺乏有效沟通，没有形成有效的邻接对，违背了合作原则中的量准则。在诸多社会纠纷中，对话内容空洞、没有形成有效的互动是诱发悲剧的重要原因，尤其是企业服务窗口工作人员，往往与对话方互不相识，进行必要且高效的言语交流对于事件的处理至关重要，不愿进行有效的沟通，忽视了语言的社会功能，是语言不文明的体现。

3. 阴阳怪气，话语突兀

语言的不文明现象不仅表现在语言的遣词造句上，更表现在语言的表情达意上。在言语交际视角下，语言传达的功能需要结合语言风格进行分析。语言风格是语言及其运用特点的综合，是人们对上述特点的抽象、归纳、总结的类型（陈汝东，2014）。

在很多社会事件以至于人际交往中，近年来新兴的"阴阳怪气"体受到广泛关注。网络社交媒体的发展为大众提供了分享自身经历的平台，许多人分享了自己的真实购物体验，不少帖子的内容表达出对奢侈品专柜"柜姐""柜哥"等工作人员的服务态度的不满。以下选取的部分语料，来自网络论坛上网友分享的帖子[①]，发生在某购物商场。

例（21）　——我上一年买了（某品牌护肤品）。（顾客）
——我们没有这种优惠。（专柜工作人员）
——你眼睛小需要大眼精华，我眼睛大不需要。（顾客对同伴）
——眼睛大好多细纹也需要保养啊。（专柜工作人员）
——我们有免费的东西发，不需要买呢。（专柜工作人员）
——那挺好啊，挺羡慕你们。（顾客同伴）
——但是我应付你们很累啊。（专柜工作人员）
——彩妆你不是都看过了吗？还看啊？（专柜工作人员）

《现代汉语词典》（第7版）将"阴阳怪气"定义为（性格、言行等）乖僻，跟一般的不同（中国社会科学院语言研究所词典编辑室，2016）。《中华成语大词典》对"阴阳怪气"的定义是：形容言行态度怪僻、冷言冷语，使人觉得古怪离奇，不可捉摸（程志强，2003）。

相比于语言歧视与语言威胁，"阴阳怪气"更为隐秘，较少使用直白的攻击性言语，但通过特别的言语表达，亦能传达出更令人不适的言语信息。整理相关从业人员的言语，我们发现，阴阳怪气主要有以下特征。

---

① https://bbs.jjwxc.net/showmsg.php?board=2&boardpagemsg=7&id=8472794[2022-01-29].

一是反问重复、妄下断语。反问的句式、重复的话语，都传达出不满的情绪，"不是吧不是吧，不会……"的句式是网络空间中极具代表性的"阴阳怪气"的案例，前面分析到，反问的句式比陈述式传达出更强烈的情感，重复的话语会让听话人产生不耐烦的情绪。诸如此类的表达将听者置于"不知道某事，实乃过错"等情境中，夸大了事件的严重性，给听者造成心理负担。妄下断语更是以断言式的表达，将明显带有主观性、本属于个人的见解或观点强加给听话人，造成对话地位的不对等，使得听话人产生心理失衡，处于被动的状态。

二是揶揄挑衅、明褒暗贬。例（21）中，专柜工作人员在听到顾客们说自己眼睛大小的问题时，径直加入顾客的对话中，"眼睛大好多细纹也需要保养啊"，可能是在陈述事实，但明显冒犯到了顾客，一般意义上认为"眼睛大"具有正向的社会评价，但工作人员为了推销产品，不合时宜地将"好多细纹"的特征与之关联，难免让顾客不高兴，体现出其职业话语的贫瘠与匮乏，缺乏换位思考的能力。"但是我应付你们很累啊""彩妆你不是都看过了吗？还看啊？"这些表达则是直接表达出自己的不耐烦，严重背离其职业素养，作为服务业人员，采用这样的工作态度，有违职业规范。在言语交际中，还有一些"明褒暗贬"的现象，以说反语的方式，对听话人的攻击性更强，造成负面影响。

三是过度解读、错误预判。某些职业中的个体，特别是某些服务行业的工作人员，往往因接触的人群具有诸多共性，而对他们进行分类，"看人下菜"。购物商场专柜工作人员在听到顾客陈述自己购买了某品牌护肤品之后，直言"我们没有这种优惠"。这两个话轮难以直接形成一个邻接对，因为工作人员在此过度解读了顾客的说话含意，顾客在陈述事实，而工作人员认为顾客是想要购物优惠，错误预判了顾客的表达意图。

现实生活中的"阴阳怪气"不如网络空间频繁，但也不少见。说话人阴阳怪气时，往往伴随着一些副语言，如翻白眼、撇嘴、拒绝手势。阴阳怪气，在很大程度上是为了制造距离感，比如"我们有免费的东西发，不需要买呢"。然而，这种距离感并不得当，职业群体应考虑自己的职业特点，不合时宜的距离感，往往是为了营造一种优越感、让自己身处一种居高临下的状态，表达了对听话人的鄙夷等负面评价,将自己在工作或生活中的戾气传递给陌生人,是一种双输的会话策略。

考察阴阳怪气的表达,可以发现,它以更低的代价对听话人造成了更负面的心理感受,说话人不会被冠以粗鄙、粗俗等个人修养特征,在某些场合甚至被认为擅长使用语言文字。这种语言风格以更压抑、克制的表达,获得更利己的结果。在日常生活中,阴阳怪气的表达或可用于较为亲近的熟人之间,以"反语"的形式来增进感情;但在陌生人之间,尤其是在职业话语中,比起真挚坦诚的交际态度,阴阳怪气实不可取,不仅折损了言语交际的效率和功用,也有损个人形象和企业形象。

表 3.1 显示,企业工作人员语言不文明的显性表征往往是粗俗詈语、语言歧视、语言威胁等,隐性表征则是在语气上使用生硬的陈述式、强制的命令式与不得体的反问式,同时,违背语言的经济原则、合作原则和得体原则,且伴有"阴阳怪气"的会话风格。语言文明的显性特征往往表现为文明用语,交际双方地位平等,尊重彼此,隐性表征则是在语气上更为缓和,使用疑问句或巧用命令,遵循语言的经济原则、合作原则和得体原则,且对话过程中传达出"温暖真诚"的正面效果。

表 3.1 企业工作人员语言文明与不文明表征

特征	维度	语言文明	语言不文明
显性表征	词汇	文明用语	粗俗詈语
	会话地位	平等、尊重	语言歧视、语言威胁
隐性表征	句式/语气	缓和的疑问、巧用命令	陈述、命令、反问
	语义真值	真	假
	会话原则	遵循经济原则、合作原则、得体原则	违背经济原则、合作原则、得体原则
	会话风格	温暖真诚	阴阳怪气

基于对现有语料的分析,企业工作人员的语言文明构建可从两个方面出发。一是符合职业规范。职业规范体现为角色规范,企业从业人员的言行举止都应符合其职业规范与职业操守,在工作环境和状态下,应当时刻谨记个

人所扮演的社会角色,并对其做出恰当的反馈。二是符合言语交际规范。言语交际的规范则适用于社会中的所有成员,同样包括企业工作人员,不仅要使用规范的语言文字,高效利用言语表达,还应遵循合作原则、得体原则等会话原则,同时要避免传递负面个人情绪,保持工作状态中对话的独立性和合规性。

企业层面的语言文明建构任重道远,频繁出现的社会事件应引起我们的重视,语言要往规范化的方向发展,同时不能丢失言语交流的情感功能。构建语言文明,需要个人和管理部门层面的行动,同时也离不开社会的正向反馈,对于语言文明现象的解读和挖掘,是我们走出的第一步,语言文明的建设、社会主义文化强国的建设举措及其落实,是我们未来的思考方向。

第三节 个人层面的语言文明与不文明

在新媒体的助推下，公共空间的开放程度日益提高，个人的不当用词和言语表达迅速传播，容易对社会造成严重的负面影响，因此，个人话语文明也是语言文明建设的重要组成部分。那么，什么是语言文明研究范畴内的"个人"？为什么要研究个人层面的不文明语言？本书关注的个人，主要是指公众人物。公众人物指社会身份特殊并为人们所广泛知晓和关注，且多能从社会中收获巨大利益的一类群体，例如演员、歌手、企业家、演说家等。

公众人物的言语行为，对社会语言文明建设的影响是不容小觑的。对于公众人物，人们往往有着更高的要求与期待，所以公众人物更应当注重自身在公共场合的表率作用，发扬积极向上的社会影响力，避免不良言语和不求上进等消极心态被是非判断能力较弱的青少年群体模仿。但是，随着如今不文明语言的表现形态越来越多样，个人层面的语言文明建设应该有针对性的正面引导。关注个人层面不文明语言的类别与话语表征能够帮助我们更精准高效地识别与治理社会中的显性和隐性不文明语言。

一、个人层面语言文明及话语表征

王玲和陈新仁（2020，2021）的研究显示，在现实社会交际中言语行为的低俗化、粗鄙化问题和官宣文本中的文法、文体错误问题已经开始对社会的进步造成负面影响。针对这一状况，《人民日报》发文指出对语言不文明现象的治理刻不容缓（徐毅成，2012）。个人层面语言文明包括显性与隐性两类。

（一）个人层面显性语言文明

个人层面显性的语言文明，主要特征是语言文字表述规范，会较多使用礼貌用语，逻辑清晰。具体表现如下。

1. 无脏话粗话，使用礼貌用语

个人语言文明首先需要杜绝不文明的表达，倡导使用礼貌用语。方小兵（2021）指出，礼貌是一种语言意识，代表着对他人的一种尊重，是同理心的一种表现，反映人性的真善美。恰当使用礼貌用语，可以融洽人际关系，有助于建立和谐的社会氛围。礼貌用语在内容上要求言辞美好、友善委婉、用语得体，摒弃野蛮粗俗和低级趣味，形式上要求恭敬谦和，彬彬有礼。因此，要倡议人们提高文明用语意识，友好交流，同时加强网络监管，减少粗鄙词语在网站、论坛等的使用。尤其是公众人物要杜绝粗俗类、冲撞类词句的表达，防止这类不文明话语被滥用。

> 例（22）"各位，非常抱歉。星期一晚我有出席××先生的聚会，当晚 19:10 到达餐厅，而事前不知道活动出席人数，到现场于室内向××表示恭贺后，见到室内聚集人数较多，故转移站在户外地方，全程没有除下过口罩，亦没有用餐，并于 19:22 离开餐厅，过程亦有用「安心出行」登记记录。明白公众对事件的关注及忧虑，对曾经身处人多密集的聚会现场并影响防疫工作，再一次致歉。"[1]

该道歉直面网友的质疑，在回复的开头和结尾两度道歉，礼貌且真诚。虽然自己也深陷受邀参加活动和疫情高风险与不确定的两难境地，但依然体现出一定的积极反思。另外，该正面回复言之有物，将事件发生的时间点标注清晰，准确精练，展现了其高度的防疫意识。

2. 使用规范的表达

公众人物的语言文明还需要表达准确，要符合国家通用语言文字使用规范标准。作为文化的载体，语言发挥着凝聚民族精神的重要作用。习近平总书记强调："一个国家、一个民族的强盛，总是以文化兴盛为支撑的。"[2]现行汉字是标准的书面语言表达工具，而语言不仅是文化的承载物，还是

---

[1] https://new.qq.com/omn/20220108/20220108A04RL400.html[2022-01-29].
[2] http://jhsjk.people.cn/article/25421812[2022-12-20].

表征文化和传播文化的工具,因此文化复兴必须夯实语言根基。但是,随着 IT 技术的发展,人们逐渐习惯于用手机、电脑中的拼音输入法打字,尤其是现在只要打出拼音首字母就能直接显示与之关联的词语供使用者选择,导致在当今话语交际中"会看会说不会写"的现象越发普遍。因此,应当促进学校、社区和媒体积极推进文化建设,深入开展"推广普通话"等教育活动,同时增大宣传力度,在潜移默化中唤起文字、语法使用规范化意识。

歌手陈柯宇在歌曲《生僻字》中唱道,"古人象形声意辨恶良,魃魈魁魅魑魅魍魉,又双叒叕,火炎焱燚,水沝淼㵘",向听众展示了汉字的魅力。有网友表示,《生僻字》这首歌引起了自己久违的翻阅字典的兴趣,在信息爆炸的时代,不失为一种能更好兼顾趣味性和推广性的汉字宣传方式。

(二)个人层面隐性语言文明

个人层面隐性语言文明大致呈现出礼貌真诚、真实高效、态度昂扬、风趣深刻等话语特征。具体表现如下。

1. 使用符合主流价值观的表达

个人语言文明首先需要能够凸显个人的高素养和符合主流价值导向。公众人物作为借"名人效应"获利的群体,肩负为民众做表率、宣传正确价值观、弘扬正能量的重任,因此公众人物应当更加注重文明语言的使用。从文化建设角度出发,要号召名人的示范带头作用,推行社会公共空间传播和表达规范,例如,可以将语言诚信等条目纳入职业考核或个人信用系统中,同时考虑适当的惩罚措施。

2021 年某运动员抵达机场,但由于粉丝的热情,现场持续出现拥堵,给机场工作人员带来了许多不便。当日,该运动员发布文章,见例(23)。

例(23) "再次明确一下,队伍安排的行程和包括赛场在内的集体场合,请现场的大家注意保持秩序、遵守防疫规定,时间允许的前提下我会尽量满足高素质球迷的签名需求……恳请球迷们允许我做个普通人。谢谢大家,欢迎大家关注我的比赛。"①

例23在内容上言简意赅,语句通畅,逻辑清晰。从粉丝安全、私人空间、防疫规定三个角度说明观点;主旨上目的明确,谦逊有礼,提出遵守规则要求的同时,还表达了对粉丝支持自己的感谢,体现出较高的个人素质;表达上平易近人,温暖得体,表示理解粉丝热情高涨的行为,展现出一定的人文关怀。再看例(24)。

例(24)坚决抵制任何污名化中国的行为,即日起终止与adidas品牌的一切合作。特此声明!②

2021年3月,继H&M辱华事件之后,因为支持新疆棉,大批明星与辱华品牌解约。3月25日,该adidas全球代言人也在自己的微博宣布与其解约。该博文发布及时,且终止"一切合作"的表述言简意赅,立场鲜明,宣扬了爱国主义,体现了其在国家利益面前把个人利益抛到脑后的较高思想觉悟。

2. 话语表达风趣幽默、文辞典雅、意蕴深厚

这一特征也是个人语言文明的表现。例如:

例(25)"有的人觉得爆红是件好事,但我觉得这个脸色红扑扑还行,脸色发紫就不好看了……就像顶端一定会有很多风吹雨打的,你登得越高,你感觉风的力量越强大,人的承受力都是有限的。"③

例(25)中的表达方式幽默风趣,话语真诚温暖。使用比喻的修辞,将人生道路比作登山,引导正向价值观,表达了支持登高望远但不可急功近利的主张,深入浅出,有利于听众理解。

总体来看,个人层面隐性语言文明的表现形式多样,且往往和说话人的

---

① https://baijiahao.baidu.com/s?id=1710862644123765595&wfr=spider&for=pc[2022-02-11].

② https://xw.qq.com/cmsid/20210325A0D3HL00[2022-02-11].

③ https://www.mgtv.com/b/107852/3313468.html[2022-02-11].

主观目的、听话人的心理感受息息相关,公众人物的语言文明强调的是对大众的高效回复与表率作用。

二、个人层面语言不文明及话语表征

公众人物的语言不文明主要通过社交平台、媒体采访等方式表达,再经由大众媒体、人际传播媒体和网络媒介传播。个人层面语言不文明,包括显性和隐性两类表现。

(一)显性语言不文明

个人显性语言不文明,其话语表征主要表现为粗鄙污秽、人身攻击、语气不佳、含有错别字、含有语病等五个方面。其中,语气生硬等特征常与其他特征相伴出现。

1. 语言文字表达不符合规范

例(26) 某演员:"致麻欸汤(麻辣烫)。"

例(27) 某演员:"你们是我带过最好的一届镇鬾(镇魂)女孩。"

例(26)、例(27)的不文明体现在语言文字的使用不符合国家通用语言文字规范标准上。例(26)中,在某演员给某麻辣烫店铺手写的祝福语里,"辣"的部首错写为"欠","烫"缺少火字底,短短一个三字词里就出现了两处别字;而例(27)中,则将"魂"字的左右部分颠倒了。"辣、烫、魂"本都是生活中的常见字,却在文字书写的过程中错误百出,暴露了两名演员虽为有影响力的公众人物但文化素养与其身份不匹配的问题,以及面对文字书写规范态度不端正、不严谨的问题,未对其以青少年为主的粉丝群体起到模范作用。由于字词写法错误十分鲜明,所以将二者归于显性的不文明语言范畴内。

2. 用语粗鄙污秽

例(28) 某演员:"妈的,不要浪费我时间。"

例（29）　某歌手："你就是个屁！"

例（28）、例（29）分别是明星在综艺和选秀节目中的公开发言。例（28）取自于某演员对节目组中儿童的训斥，用"妈的"这样的典型不文明用语对孩子泄愤，会对当事人构成心理伤害和语言文明的不良导向。例（29）是选秀节目中作为评委的某歌手对参赛者的辱骂。在公共平台刻意将污秽的"屁"与人作比较，本质上是一种人身攻击，是不妥且不雅的，容易对青少年观众产生不正确的价值导向，属于显性不文明的范畴。此外，不文明话语也会对参赛者的心理、情绪造成一定程度的影响。

3. 使用简单粗暴的恐吓、命令、贬低、威胁、诅咒式表达

例（30）　某歌手："信不信老子天天找人来守你。"
例（31）　某名人："出门之后默念三遍你是孙子我是爷。"

例（30）、例（31）的不文明话语行为在于采用了有人身攻击性质的表达。例（30）的话语背景是：某歌手在去房地产交易所过户房产时，以为工作人员在偷拍，于是当众怒斥放话，但后来经过调查，发现这是一场误会。该歌手气势汹汹地对工作人员说"信不信老子天天找人来守你"，不仅咄咄逼人，语气不佳，且有强烈的恐吓意味，容易使听话人产生被语言威胁的不良感受。例（31）中的"你是孙子我是爷"则滥用辈分关系，通过称对方为"孙子"、称自己为"爷"来贬低对方和抬高自身身份，兼有用词粗俗和人身攻击两个特征。

（二）隐性语言不文明

公众人物语言不文明的隐性表现包括歪曲事实、答非所问、品格低下等三种表征。其中，答非所问将从转移话题和言之无物两个角度展开讨论，而且错误的价值观导向常与其他表征相伴出现。与显性语言不文明相比，个人层面隐性语言不文明表现形式更加多样，且往往和说话人的主观目的、听话人的心理感受息息相关，公众人物更强调对大众的高效回复与表率作用。另外，需要指出的是，个人语言不文明在多数情况下是多种不文明话语表征交

织共现的结果。具体表现如下。

1. 歪曲事实

例（32）某演员："一个宝妈带着几个月的宝宝，中午从深圳湾口岸过关，遭遇了口岸工作人员蛮横的工作态度。宝妈只是请快点检查，因为宝宝和老人在外面广场的太阳底下晒着，结果对方反而故意刁难拖延时间。"

例（33）某演员："当熬夜变成敬业，当拼命当成应当，当生命不在的时候，谁来保护谁。高危职业，同行们热爱的同时请保护自己，爱护自己。"

例（32）、例（33）语言不文明的主要共性在于通过虚假话语歪曲事实。经过相关部门的调查，例（32）中的言论并不符合事实。录像显示，整个检查只有几分钟的例行内容，该演员面对工作人员的查验表现得十分不耐烦，所谓被"故意刁难"是其自身言行不符合安检规定被扣留后贼喊捉贼的行为。在具体的话语表达中，该演员反复强调"宝妈""宝宝"，通过打感情牌的方式博取众人对弱者的同情，试图掩盖歪曲事实的真相，否认自己的错误，归咎于他人，体现了对法律和司法系统的轻视。此外，其滥用公众人物影响力，错误引导舆论，抹黑公职人员正面形象的话语行为，也体现了负面的价值观导向。

例（33）的话语背景是：某演员在录制节目时猝死，圈内好友纷纷发文悼念，其中有多名艺人提出"明星艺人是高危职业"的观点，引起网友的大范围质疑。主要问题在于夸大事实、虚张声势，在获得极高片酬的同时将正常的工作内容归为"危险"范畴，恶意消费"高危职业"的身份。

2. 答非所问

答非所问有两种具体的表现形式：言之无物和转移话题。

例（34）某歌手："分别时的话，我再说一次：希望我们都幸福。"

某歌手前女友发布长文控诉其厌倦自己后使用冷暴力，逼迫她分手，分手后不仅不遵守分手补偿的协议，还对她进行了长达五六个小时的施压、恐吓以及威胁。对此，某歌手只写下空洞的几句话作为回应，例（34）出自回应的结尾。该回应言之无物之处在于三点。一是形式上套用分手后惯用的空话、套话，照搬"回忆过去+表达感恩+祝福对方"的公示，试图打感情牌。二是内容上完全没有正面回应前女友提到的分手协议与恐吓事件，更没有解决前女友与网友的疑问。三是在交际层面没有达成有效沟通，效率低下，体现出较低的责任感和道德感。

例（35）某影视演员："这是我非常伤心和私密的事情……被别有用心地一步一步曝光。"

例（36）某歌手："我与李××（当初认识时的名字）是在演唱会现场认识的。"

例（35）出自该影视演员代孕、弃养事情曝光之后发布的回应。通篇避重就轻，对最关键的代孕弃养的相关问题避而不答，转而强调此事曝光是有人别有用心，且自己常年被用隐私威胁勒索，将自己立于弱势地位以博得公众同情，实际上却消耗了公众的沟通耐心，适得其反。

例（36）出自某歌手对出轨离婚传闻的回应。该回应不仅没有举出证据直接推翻前妻对于其婚内出轨的指控，反而刻意强调前妻的日本名字，试图将舆论话题转移到她的日本国籍上，利用国人的爱国情怀偏袒自己，实际上却引发受众的不良感受。

3. 使用思想或者精神品格低下的话语表达

笔者研究发现，一些低级媚俗或引发相关联想的字眼，违反法律法规或者有悖社会公德和道德，甚至存在蔑视正义、戏说社会的语言表达，其立场与态度是非常不严肃的。

例（37）"半个世纪之后，国人少有反思这场战争的正义性，就像当年的沙雕连不会怀疑上峰的英明决策"。

例（37）的不当言论不仅质疑战争的性质，还公然使用"沙雕连"这样明显带有侮辱、嘲讽性的词语，无视革命先烈的牺牲与奉献。这种颠倒黑白的个人不当言论，令人发指，也遭人唾弃。

第四节

个案研究：南京城市公共服务领域的语言文明考察

语言文明是当下城市语言生活研究的热点话题。文明与礼貌关系密切，它们是"允许不同观点的人们弥合分歧、促进社会和谐的规则"（Mutz，2015）。公共场合下待人接物时的礼貌（civility）是语言文明的重要特征之一，具体指人的社会状况、起居、交际、语言等，其最高形式是有教养（埃利亚斯，2009）。文明是当代城市生活的润滑剂，最重要的贡献在于缓解人际矛盾、推动社会互动（Boyd，2006）。我国"十四五"时期经济社会发展的主要目标之一就是"社会文明程度得到新提高"。

在一定程度上，现代文明就是城市文明，语言文明是城市文明的重要体现。它是语言的文明，或关于语言的文明；体现在人们语言使用中呈现的良好文化修养和令人愉悦的语言环境（陈汝东，1996；张焕香和李卫红，2013）。语言文明的本质是尊重人。现实生活中，因语言不文明导致的交际失误失礼，甚至矛盾冲突并不少见。2005年中国开启"全国文明城市"评选表彰活动，2016年起国内各城市相继出台《城市文明行为促进条例》，包括"说文明话，做文明事"，以此呈现城市整体文明水平和形象。徐大明（2020）指出，"创建文明城市"和社会主义精神文明建设紧密相关，城市语言文明建设应跟上文明城市建设的脚步。

一、语言文明研究现状

语言文明研究范畴包括文明和不文明言语行为。文明与不文明是礼貌与不礼貌现象的社会表现。礼貌与不礼貌代表个人层面，更偏向言语行为；文明与不文明范围则更广泛，不仅关涉个人层面，也关涉社会层面；不仅涉及语言行为，也涉及非语言行为（Lakoff，2005；Mills，2017）。礼貌研究者们往往会忽视从礼貌视角思辨性探讨文明；不文明不只是缺乏礼貌或违背礼仪，还包括鲁莽、缺乏尊重、语言歧视、暴力等行为（Sifianou，2019）。礼貌与不礼貌和社会规范相关，最常与"面子"相关（O'Driscoll，2017）；文明与不文明主要和与公共生活相关的道德、社会规范或惯例有关；不文明被视为无意的或意外的面子攻击行为（Sifianou，2019）。

国外研究成果更多关注不文明现象，尤其是工作场合不文明的前因后果（Van Jaarsveld，2010）、造成的重大损失（Porath et al.，2010）、不文明严重程度（Clark et al.，2013）等；研究方法以案例分析为主，个案研究、实验研究少，批判实证研究缺乏，治理不文明的机制待继续探索（Vasconcelos，2020）。

目前国内语言文明研究成果十分有限，城市语言文明研究刚刚起步。近五年国家社科基金项目、教育部人文社科研究项目和国家语委科研项目中直接关涉语言文明的有："语言文明行为规范研究"（2020年）、"语言文明规范与社会治理研究"（2020年）、"新时代城市语言文明建设研究"（2019年）。文献名含"语言文明"的成果，以语言内容规范或精神文明建设为主题的宏观阐述为主（关彦庆，2020；徐大明，2020）；微观实证研究极其不足（张焕香和李卫红，2013），且缺乏语用理论指导；系统性和科学性的研究还在探索中。城市语言文明建设的工作，需建立在对当前的城市语言生活充分调查研究的基础上（徐大明，2020）。

本书以南京铁路售票窗口服务为例，基于售票员和购票者的会话，考察南京城市公共服务领域的语言文明和不文明现状，探析其中文明言语和不文明言语的语用礼貌表征及机制，并提出可能的治理对策。

二、研究方法

（一）研究问题

研究具体回答以下三个问题：售票员和购票者的语言文明与不文明状况如何？售票员和购票者的语言文明与不文明有哪些语用礼貌表征，机制是什么？如何治理其中的语言不文明，有哪些可能对策？

（二）理论框架

在生活中讲究礼貌为的是相处和谐，但隐藏于礼貌背后的是复杂的人际关系，是在维护人际关系前提下的一系列语用方式和语用策略（何自然，2018）。文明就是交际中反省自身和体谅他人，"体谅他人"需要尊重、礼貌待人，"反省自身"要求自己对所说的话语进行管理（Smith & Bressler, 2013）。鉴于此，研究选用布朗和列文森（Brown & Levinson, 1987）的礼貌理论、鲍斯菲尔德（Bousfield, 2008）的不礼貌框架、斯宾塞-奥提（Spencer-Oatey, 2008）的人际关系管理模型及其新拟模式（陈新仁，2018b）作为理论基础。

布朗和列文森的礼貌理论认为，礼貌是一种努力，是试图最大限度地维护自我和他人的积极面子（每个人在公众面前维护的自我形象）或消极面子（个人行为自由不受阻碍）。得体是礼貌的最高原则。权势地位、社会距离、强加程度是影响会话者礼貌的三个社会因素。鲍斯菲尔德的不礼貌框架则将不礼貌言语视为"特定语境中的面子攻击行为"。具体策略可分为直接不礼貌和间接不礼貌，前者指说话人有意攻击听话人面子而采取的直接不礼貌表达（咒骂、不当称呼、威胁恐吓等策略）；后者指说话人采用间接方式或拒绝执行礼貌策略来损害听话人面子（讽刺、漠不关心等策略）。

斯宾塞-奥提的人际关系管理模式是对布朗和列文森的礼貌理论的有益补充，它认为语言礼貌的使用不只是为了面子，也可能是为了人际关系的其他维度。斯宾塞-奥提的人际关系管理模式及新拟模式以"关系管理"表达"礼貌"，人际关系管理动机包括面子管理和社交权管理。面子管理包括素质面子管理（能力、品质、外貌等）和身份面子管理（社会角色）；社交权管理包括平等权（不受他人驱使或不公平对待的权利）和交往权（按照当下与交际对象的关系进行交际的权利）管理；交往权管理原则包括参与原则、移情原则、尊重原则。人际关系管理取向包括关系提升、关系维持、关系忽视、关系挑战、关系伤害五个取向。

综上，礼貌理论和人际关系管理模式最终关注和解释的，就是"为什么"和"如何"在言语交际中尊重人。语言文明体现在语言使用达到最高的语用恰切程度，体现在交际者是否清楚并遵从"谁在何时何地对谁应该说什么话，为什么"，这也是城市语言生活研究致力回答的问题。基于此，作者认为，言语行为的语用礼貌状况可以作为语言是否文明的主要考量指标。我们尝试构拟了"四合"维度的语言文明分析框架（表 3.2），即合体（合适的语体）、合形（合适的内容）、合境（合适的时空语境）、合态（合适的表达行为）。

表 3.2 语言文明分析框架

礼貌、人际关系管理维度			语言文明分析维度				听话人（基于当下语境的）文明与不文明评价
面子	社交权	人际关系	合体	合形	合境	合态	
尽可能提升素质面子或身份面子	尽可能保护平等权或交往权	关系提升取向；关系维持取向	高变体	规约化礼貌表达	寻求共识；关注兴趣；回避冲突；提供理由；提供帮助；加大同情	避免强制；微笑；平和；耐心；回应积极	文明 ↕ 不文明
尽可能拉低素质面子或身份面子	尽可能破坏平等权或交往权	关系忽视取向；关系挑战取向；关系伤害取向	低变体	规约化不礼貌表达（脏话；不当称呼等）	答非所问、撇清关系、冷落忽视；分歧或质疑	打断阻止；命令；威胁恐吓；不耐烦、生气、白眼、态度强硬；讽刺；等	

（三）语料收集与分析

2021 年 1 月笔者在某高铁站售票窗口，运用现场录音和非介入式观察法，共收集到售票员与购票者之间的会话约 7 小时，记录观察卡 515 张。所有录音内容全部转写为文本进行分析。售票员与每一位购票者的会话从开始到结束计为 1 次，除去不清晰的录音，共收集到 515 人次的 1 个话轮及以上的有效会话（15 名售票员，515 名购票者），录音转写后文本共 68 913 个字词。

转写后，作者根据礼貌理论和人际关系管理理论进行语用礼貌表征分类，观察交际主体的言语行为是否损害交际另一方的面子或社交权，当交际主体不保护或损害另一方的面子或社交权，则不礼貌言语行为产生；再根据鲍斯菲尔德的不礼貌框架，从规约化模式对不礼貌言语表征进行分类；最后结合语用恰切的"四合"（合体、合形、合境、合态）维度（表 3.2），对售票员与购票者语言文明状况进行具体分析。

三、结果与讨论

（一）售票员和购票者会话中的语言文明与不文明状况

调查结果发现，在收集到的交际会话中，使用 1 次及以上文明言语的行为共有 515 次，不文明言语行为共 199 次。文明言语行为中，购票者开启的占 79.11%；不文明言语行为中，售票员开启的达 68.21%（表 3.3）。

表 3.3　售票语境下的语言文明与不文明开启及使用次数

文明与不文明开启及使用	文明 开启次数（次）及占比（%）	文明 使用次数（次）及占比（%）	不文明 开启次数（次）及占比（%）	不文明 使用次数（次）及占比（%）
售票员	61（20.89）	136（26.41）	103（68.21）	148（74.37）
购票者	231（79.11）	379（73.59）	48（31.79）	51（25.63）
总计	292	515	151	199

（二）售票员和购票者会话中的语言文明与不文明的语用礼貌表征

作者归纳了售票员和购票者会话中出现的文明与不文明言语行为及其语用礼貌表征共 20 类（表 3.4）。

表 3.4　售票语境下语言文明与不文明言语行为的语用礼貌表征

文明（9 类）		不文明（11 类）	
礼貌类型	占比（%）及次数（次）	不礼貌类型	占比（%）及次数（次）
规约化表达	81.94（422）	打断	13.98（72）
提供理由	3.69（19）	不耐烦、生气、翻白眼	8.74（45）
关注听话人兴趣、利益等	3.50（18）	态度冷淡强硬	4.47（23）

续表

文明（9类）		不文明（11类）	
礼貌类型	占比（%）及次数（次）	不礼貌类型	占比（%）及次数（次）
避免强制	3.30（17）	冷落忽视	2.14（11）
提供帮助	2.72（14）	扩大分歧	2.14（11）
寻求共识	2.14（11）	命令	1.94（10）
重复或转述	0.97（5）	说脏话	1.36（7）
加大同情	0.97（5）	撇清关系	1.36（7）
回避	0.78（4）	称呼不当	1.17（6）
		讽刺	1.17（6）
		威胁恐吓	0.19（1）

售票员最常使用的文明言语行为是规约化表达（62次），其次是提供理由（19次）、避免强制（17次）、关注听话人兴趣（15次）；购票者最常使用的文明言语行为是规约化表达（360次）、寻求共识（10次）。打断（47次）、不耐烦（45次）、态度冷淡强硬（23次）是售票员最常使用的不文明言语行为；打断（25次）、扩大分歧（8次）、说脏话（6次）、称呼不当（6次）是购票者最常使用的不文明言语行为。

（三）讨论

根据观察结果，我们从"合体、合形、合境、合态"四个维度对语言文明与不文明的语用礼貌表征及机制加以分析。

1. 合体

合体指交际者使用符合交际场合的语体，有高变体、低变体之分。语体意识是人们在语用中按照功能域的需要选择适合该域的语体进行言语输出，可视作一种言语交际能力（丁金国，2010）。《国家通用语言文字法》规定：提倡公共服务行业以普通话为服务用语。作为公共服务领域的火车站售票窗口，普通话为高变体，地方方言是低变体。使用普通话是城市公共服务领域"合体"的语言。

在本研究中，售票员和购票者交际过程中方言使用共 73 次，其中购票者使用 63 次；另使用外语的会话 1 次，其余为普通话。观察发现，售票员的部分不文明言语行为（不耐烦、态度冷淡强硬）是购票者使用方言造成理解障碍所致。

例（38） 购票者：有票哩？（方言）
售票员：说话我听不懂！（冷淡生硬）
购票者：有票没票？（普通话，音量提高）
售票员：没票我跟你讲干吗呢？！

（2021 年 1 月 24 日）

例（38）中，购票者用方言询问，售票员没听懂，且最后回答有言语冒犯。言语冒犯指说话人以言语为手段，客观上引起听话人的不快或对听话人造成心理上的伤害，从而使对方在交际中处于不利地位的一种言语行为（申智奇和何自然，2010）。会话中，因方言造成了理解困难，售票员对购票人诉求不关心，购票者的面子未获得认可。当购票者发现沟通出现障碍后，立即换用高变体普通话。但由于不满售票员先前冷淡强硬的态度，购票者基于当下语境提高音量，抛出一句言语施加程度较高的反问句。在汉语中，反问形式的否定强度较高（张伯江，1996）。购票者用反问形式表达"反驳、不满"，继而又引发了售票员的不文明言行。观察发现，因方言引发沟通理解障碍时，使用方言者通常会转用高变体，或通过转述、解释的策略帮助对方理解。

2. 合形

合形指使用符合规范的语言，不说脏话禁忌语等，称呼得体。规约化礼貌表达是其中一种常用的文明策略，包含使用礼貌招呼语、礼貌标记语、祝福语、致歉语、致谢语和间接言语询问。间接提出请求比直接提出请求更加礼貌。间接言语的优势在于能让人们在不破坏社会关系的情况下进行有效交流（Terkourafi，2011）。部分购票者在提出请求时会使用情态动词如"能不能"增强礼貌程度。

规约化不礼貌表达包括脏话和不当称呼。脏话属于含有咒骂、侮辱性质的不文明用语，这类不文明用语冒犯程度高，对和谐人际关系有明显的负面影响。公共空间中，脏话对人际关系极具损害力，尤其是语用距离远的会话双方。而礼貌准则还包括"称呼准则"（顾曰国，1992a）。称呼准则体现人与人之间的关系，关涉被称呼者的面子和社交权。不当称呼是对被称呼者的不尊重，损害其身份面子和平等权。观察结果显示，售票员和购票者脏话使用极少，共7次（购票者使用6次），其中1次引发了双方的激烈争执，其余6次由售票员采取漠视或忍受态度。在招呼语使用上，虽然多数购票者会使用招呼语，但仍有少部分购票者不使用或使用不当称呼，如直接用"哎""喂"称呼售票员，听起来极不礼貌；售票员与购票者使用称呼语也呈现不对等状况，售票员称呼语缺失较为明显（表3.5），主要使用"下一个""师傅"或手势替代，显得冷漠。

表 3.5 规约化礼貌表达使用情况 　　　　　　　　　　单位：次

礼貌表达	规约化表达及使用总次数		购票者使用次数	售票员使用次数
招呼语	你/您好	111	110	1
	师傅	24	15	9
	下一个	22	0	22
	同志	3	3	0
	帅哥	1	1	0
	美女	1	1	0
	姐姐	1	1	0
礼貌标记语	请（问）	24	24	0
	麻烦	13	13	0
	稍等（一下）	11	7	4
	没事	7	0	7
	没关系	5	0	5
	不客气	4	0	4
	不用谢	2	0	2
致歉	不好意思	2	1	1
	抱歉	1	1	0
致谢	谢谢（您）	170	170	0
间接言语询问	间接言语询问	13	13	0

3. 合境

合境指交际者顺应交际当下的时空语境。交际者的言语选择必须顺应语境，考虑其交际语境和语言语境（张惠君和丁毅伟，2006）。成功的言语行为、语用行为的衡量标准就是在意向、话语期望、回应之间是否存在着互动情景一致性（何刚，2002）。例如：

例（39） 购票者：帮我退票！
售票员：这里面没有退票哎，我要退什么？
……
购票者：没有这个票？
售票员：不是显示已经退了吗？没看到有其他的票可以退。
购票者：哦好。好的，我先去看一下。谢谢。

（2021年1月8日）

合境的语用礼貌表征主要是寻求共识、回避、提供理由、关注兴趣、提供帮助、加大同情。购票者和售票员出现分歧或即将出现分歧时，为避免冲突，交际者会采用寻求共识或回避的方式达成双方共识，既维护双方的面子，又避免言语冲突和破坏和谐人际关系。为最大限度满足购票者的利益或需求，售票员会额外提供理由或帮助来获得对方理解，力争维护自己或购票者的面子，保护购票者的利益，如例（39）。关注兴趣和加大同情遵守人际关系管理理论中的移情原则，即"言语交际双方情感相通，能设想和理解对方用意"（何自然，2018）。在实际会话中体现在售票员或购票者设身处地理解对方的利益、需求。例（39）中，售票员反复说明购票者没有退票，对购票者询问的否定一定程度损害了购票者的素质面子。为保护自己的面子，避免言语冲突，购票者的"我先去看一下，谢谢"是一种回避策略。

不合境的语用礼貌特征包括答非所问、撇清关系、冷落忽视、分歧与质疑，由售票员使用，如例（40）。购票者言语行为的目的是期待售票员能帮助完成自己的请求或解答疑问；但实际会话中，售票员有时会答非所问，或忽视购票者的存在，不回应对方的请求，或不解答对方的问题，或声称和自己没有太多关系，拉大了和购票者之间的语用距离，损害了购票者的交际权，同时购票者的心理期望无法得到满足。语用距离是判断语言礼貌的决定因素之一（王建华，2001）。语用距离增大，不礼貌程度增加。

例（40）购票者：那为什么扣88呢？是因为车停运了不是我们退的票，上面就是显示免费退票……

售票员（打断）：我不知道你讲的这个东西，你不要跟我讲，你在什么软件上订的去问，我们票价是多少就退你多少。

购票者：呃，订票是在我们那里定的，但是退我是在这个售票处退的。

……

售票员：哪个服务台退的？哪个服务台？

购票者：就是我就在上海的那个服务台。

售票员：那不太清楚，上海退的我们哪知道呢？

（2021年1月20日）

在例（40）中，当售票员得知购票者是在线上平台购买的车票后，立即撇清关系："我不知道你讲的这个东西，你不要跟我讲，你在什么软件上订的去问。"在得知购票者是在上海（火车站）退票后，该售票员更觉得事不关己。售票员一味生硬地撇清关系，无法达成共识，损害了购票者的素质面子和交际权。

4. 合态

合态指合适的表达行为，包括符合身份地位的言语表达行为，以及副语言行为（如说话时的语气、音量、表情、动作、姿势等）。合态的语用礼貌表征主要有避免强制、微笑、平和、耐心、积极回应等。布朗和列文森（Brown & Levinson, 1987）认为，权势地位、施加程度是影响会话者礼貌使用的社会因素。在公共服务领域，售票员是服务者，购票者是被服务者。售票员避免强制行为，减少言语的施加程度，给购票者留有选择余地，提升礼貌程度。

不合态的语用礼貌表征包括打断阻止，命令，威胁恐吓，不耐烦、生气、白眼，态度强硬，讽刺。打断行为和说话人的权势紧密相连（李悦娥和申智奇，2003）。会话交际中，最基本的社交权就是话语权，如果一方用言语剥夺对方的话语权，就是对对方社交权的冒犯（申智奇和何自然，2010）。售票员更容易打断购票者，原因在于售票员有时为提高工作效率，通过争抢话轮获得说话机会，或不愿意和购票者维持会话关系。观察发现，命令行为往往由购票者开启，部分购票者在接受服务中构建自己居高临下的权势地位，将售票员的服务视作理所应当；当然，个别售票员也有命令购票者的行为，见例（41）。威胁性行为由售票员开启，这类言语行为施加程度高，直接威胁购票者的消极面子和平等权。会话过程中的副语言，如不耐烦、生气、白眼、皱眉、斥责、态度强硬，甚至扔购票者的身份证件等，对交际双方面子和社交权也存在威胁。售票员的这些副语言违背人际关系管理理论中的"移情原则"，体现了对购票者的话语期望的漠不关心。讽刺则是一种间接批评性质的言语行为，意图用一种间接的方式批评、嘲讽听话人。

（41）购票者：订单号是在哪查呀？

售票员：用什么软件买的？

购票者：就那个12306。

……

售票员：那你打12306人工客服让他帮你查询一下。

购票者：你这上面看不到吗？

售票员：我能看到还向你要干吗啊？我们这系统也只能刷一个月以内的呀。

（2021年1月24日）

例（41）中，购票者询问订单号，由于订单记录只保留一个月因此售票员也无法查询。购票者再一次发出疑问后，售票员回答"我能看到还向你要干吗啊"，语气重，态度坏，威胁购票者的素质面子。

四、公共服务领域语言不文明的治理对策

文明礼貌是减少摩擦、缓解社会矛盾的润滑剂。研究观察结果显示，南京铁路窗口公共服务领域的不文明言语行为除了脏话、不当称呼等，还包含打断、不耐烦、生气、态度冷淡强硬等行为，同时还存在默认容忍不文明言语行为发生。那么，如何治理公共服务领域语言不文明现象，以助力城市治理，提升城市整体文明水平？

李宇明（2020b）认为，文明语言治理的路径是双向的，既有传统的"自上而下"，也有当下提倡的"自下而上"。根据实际国情，城市语言治理侧重以问题为导向，通过"自下而上"吸纳民意的底层设计，一方面了解宏观语言政策与规划的实施状况，另一方面通过培育基层和民众而形成社会参与力（王玲和陈新仁，2020）。根据研究观察结果，我们认为，城市公共服务领域语言不文明行为治理可从如下几方面展开。

（一）分领域、分对象，摸底城市公共服务领域中的语言文明与不文明状况

城市语言文明研究首先需要对城市语言生活状况有基本的了解。语言生活有多少层级，语言治理就有多少层级（张日培和刘思静，2017）。只有在充分调研的基础上，语言治理才能得以继续推进。开展实证调研，深入公共服务不同领域，动静结合，对讲话人的言语互动、公共空间静态的语言文字使用综合考察，获取第一手数据，发现问题，解决问题，探索适应城市语言生活的语言文明治理模式。

（二）加强多元主体参与的语言文明指导和执法，由社会强制促进个人"强制"

在城市公共服务领域，每一位服务人员的言行都代表着该领域的形象。"四合"维度分析后，我们发现，不文明言语中，售票员语言主要体现在不"合态"，购票者的语言体现在不"合态"、不"合形"、不"合体"。

文明是一个持续的进程，文明的进程由社会强制促进个人"强制"；人

的行为方式在社会发展中不断变化，冲动、本能、情绪化的行为逐步被经过调控的、自我强制的习惯所取代（埃利亚斯，2009）。语言文明程度和城市文明程度相互依存。提升城市语言文明水平，现阶段仍需采取"自上而下"和"自下而上"良性循环，多元主体参与（戴曼纯，2021）。中央和地方政府须出台相应的城市语言文明规范条例，指导民众文明言行，由各级语言文明工作委员会或语言文字工作委员、社会监督执行。通过网络和纸质媒介加强城市语言文明条例宣传，针对不文明言行的投诉有积极反馈，并对不文明言行给予相应的处罚，在潜移默化中，逐步由社会强制实现个人对语言文明的自觉遵从。结合"四合"，细化公共服务领域语言文明条例。细致的规则、媒体营造的氛围、积极的反馈、严厉的处罚、自觉的遵从都将对城市语言文明治理发挥积极作用。

（三）探索文明引领路径，提升语言文明意识

语言文明是人类文明的一部分，它也"是一个连续统，一个动态过程，也是一个结果"；人的每一处行动都处于相互依存的网络之中，这一网络要求人在采取行动时瞻前顾后；这种瞻前顾后慢慢就形成自动化的机制（埃利亚斯，2009）。新的文明规范或标准会替代旧有的文明规范或标准。民众既是文明的受益者，也更应是文明的参与者和践行者。在此过程中，语言文明意识的提升对语言文明行为的形成有着重要作用。

第一，加强公共服务领域职业道德规范中的语言文明要求和培训，提升服务者群体的语言文明意识；从而让服务者的文明言行影响被服务者，做到不使用也不纵容不文明的言语行为，由群体文明言行影响个人语言文明，逐步形成良好的文明风气和氛围。

服务者文明的言语能让被服务者感到温暖，冷淡强硬的言语则会损伤其感情。研究观察发现，权势地位高的售票员开启不文明言语行为的次数比购票者高。数据收集过程中，对乘务员的访谈发现，他们和售票员都有接受语言文明话术培训和定期考核，实际操作中却经常不使用这些话术，培训内容和实践行为脱节；交际冲突多发生在乘客与购票者不配合工作人员，或是在工作人员多次重复话语他们仍不能理解的情况下。因此，城市语言文明治理

过程中，仅仅依赖群培训是不够的，还必须与"社会强制促进个人'强制'"的策略配合起来。

第二，教育部门要抓好语言文明教育和建设。学校是进行语言文明教育的重要基地，各级各类学校都要把"说文明话、做文明事"的观念作为德育工作的重要内容。语言文明要从娃娃抓起（徐大明，2020），从小培养语言文明意识，知晓语言文明规范，形成良好的语言文明习惯，包括坚决对语言不文明现象说"不"的习惯。只要肯花力气和时间去做，新的文明观念与习惯就一定能形成。

语言文明是语言使用达到最高的语用恰切程度，是对面子、社交权和人际关系的最优管理，是社会文明进程的重要内容。当下的语言文明既是一个语言治理的结果，也是一个新的治理起点。研究发现，南京铁路窗口服务语言文明状况结果良好，但不文明言语行为占近30%；语言文明的语用礼貌表征主要是使用规约化礼貌表达、关注听话人利益兴趣、提供帮助、避免强制等；不文明主要体现在脏话、不当称呼、生气、打断、不耐烦、冷落忽视等方面。城市公共服务领域的语言文明治理须摸底语言文明状况；须加强多元主体参与的语言文明指导和执法，由社会强制促进个人"强制"；须探索由群体影响个体的语言文明意识提升路径。这将对城市文明建设和城市治理有积极意义。

第五节 本章小结

在中国城镇化的过程中，出现了许多与语言文明相关的问题，而这些问题或多或少地制约了中国社会文明的提高。综合来看，现实空间的语言文明与不文明，涉及语言生活中管理部门层面、企业层面和个人层面的语言行为状况。具体来看，管理部门层面，存在的语言文明与不文明包括显性和隐性两个层面。显性的语言不文明包括语言或文字使用不符合通用语言文字规范，用词粗鲁或者直接使用粗暴、恐吓、威胁、诅咒等用语；隐性的语言不文明虽然未直接使用低俗、粗鄙的词语或表达，但却传达出带有明显消极、否定色彩的内容与情感，不符合当前主流的世界观、价值观，不符合当代社会的文明风尚。

在企业层面，语言的使用需要符合当代语言生活的需求，这既是企业工作人员重要的社会责任，也是企业隶属的相关部门语言文明建设的重要内容。企业工作人员显性的语言不文明通常表现为使用粗俗的詈语或者使用有歧视或者威胁意味的表达，词语表达不符合其职业规范与职业操守；隐性的语言不文明表现为较多使用生硬的陈述式、强制的命令式与不得体的反问式，且伴有"阴阳怪气"的语言风格，这些言语行为传达的是较为明显的负面情绪，语言表达缺少温暖真诚的积极效果。

在个人层面，社会居民在语言生活中如何有效沟通、如果通过语言使用展现自身的良好文化与道德修养等内容，都是语言文明研究关注的部分。现实空间中的个人层面语言文明与不文明主要涉及在语言生活中个人间语言交往实践产生的问题。在城镇化进程中，我国社会逐渐由"熟人社会"发展为"陌生人"社会（汪国华，2006），这一变化给社会居民的语言交往方式带来影响，也进而带来一些语言不文明问题；此外，语言不文明还包括现实交往个人语言使用中存在的用语污名化、语言暴力、语言粗俗化等问题。

现实空间语言不文明现象的阐释与分析，有助于寻找与发现这些现象或问题存在的深层动因，从而以此为基础探寻解决思路与方法。党的十九大报告指出，"中国特色社会主义进入新时代，我国社会主要矛盾已经转化为人民日益增长的美好生活需要和不平衡不充分的发展之间的矛盾"（习近平，2017）。语言文明研究符合当前语言生活现实的需求，研究成果在某种程度上可助力我国社会文明程度的提升与完善。

第四章 网络空间语言文明与不文明：调查与分析

  作为人类重要的交际工具，语言同时也是社会发展的重要表现形式之一。相应地，语言文明可被视为社会文明的重要观测点。从微观角度看，语言文明是指语言内容健康向上，对社会精神文明建设、对人们道德素质的提高和正确价值观与人生观的确立具有积极促进作用（Chen，2020）。从宏观角度看，语言文明因其语言性、进步性、社会性、民族性和时代性的特点区别于其他人类文明，在构成上涵盖规范、健康、纯洁而有效的语言文字体系，科学合理的言语交际秩序，较高的全民言语行为质量，较高的全民言语素养以及良好的言语环境（陈汝东，1996）。鉴于语言（包括文字）是构成文明的核心要素（胡壮麟，2019）。在网络社会中，传统的"人-人"交际已逐渐转为"人-机-人"或"人-机-机-人"的人际交往模式，致使语言数据成为网络社会的重要生产要素（李宇明，2020a）。由此，网络语境下的语言文明不仅是网民健康人文生活的基本诉求，同时也成为国家形象、国家语言能力和国际对话能力等的重要体现。现如今，语言文明与不文明的内涵早已打破了与辱骂性语言相关的僵化认知范畴，而是广泛指代在特定社会时期与特定语言环境下是否具有冒犯性质、使受话人感到羞辱、愤怒、不适等负面情绪的语言现象（秦诗涵等，2013）。

例如，目前关于网络语言文明的研究多聚焦其对立面，即网络社会中呈现的各类不文明语用问题，如网络谣言（陈梅松和陈新仁，2020；何勇和杨映瑜，2020）、网络暴力言语（Grigore & Maftei，2020；耿雯雯和谢朝群，2020）、网络平台中的"冒犯性语篇"（Haq et al.，2020）及"亵渎性言语"（Coyne et al.，2011）等。现实生活中由于传统礼貌风范的约束，语言文明现象大多表现出积极的一面，但在匿名的网络空间中因充斥着压力、焦虑等负面情绪而表现出消极的一面。这种变动不居的语言不文明现象对于网络空间环境治理提出了巨大的挑战，如果处置失当极有可能阻碍我国语言文明建设的进程。为此，2021年11月19日，首届中国网络文明大会在北京举办，会上发布共建网络文明行动倡议，内容包括：加强思想引领，把握正确导向（管理部门层面）；完善行业自律，践行社会责任（企业层面）；规范网络行为，提高文明素养（个人层面）。该倡议分别对管理部门（国家各级行政部门）、企业和个人提出了整体要求。

为了进一步提出有效的针对性措施，有必要对网络空间的语言文明与不文明现象展开管理部门层面、企业层面和个人层面等社会维度的观测。同时，要认识到在每个层面，语言文明与不文明不仅包括语言规范，还包括语用规范（Chen，2020）。其中，语言规范决定了网络空间中语言的形式，语用规范则决定了具体语言形式的合理性与合适性评价。从语言规范来看，网络空间中存在诸多语言失范现象，包括语音失范、文字失范（如繁体字、异体字等）、词语失范（如异形词、谐音词、外来词、新造词等）、语法失范和标点符号失范（张颖炜，2015）。从语用规范来看，网络语言不文明主要体现在贬损性词语、辱骂性词语、网络语言暴力和带有色情低俗内容的语言方面（安志伟，2012）。但是，对于网络语言文明与不文明的研究大多停留在个人层面，聚焦于具体的表现形式，目前尚未从社会分层角度对网络语言文明与不文明现象作归类。虽然对具体语言文明与不文明现象的分析和建议能够改善某一具体问题，但始终无法为语言文明建设的整体协调和规划提出合理方案。有鉴于此，本章从国家管理部门、企业和个人三个对应宏观、中观与微观的社会层面出发，通过宏观综述和典型案例分析各个层面的语言文明与不文明现象，进而定位网络语言文明不同层面的问题并分析成因和危害，同时为国家语言文明规范政策的制定提供部分案例和数据参照，旨在营造清朗的网络环境，推进国家语言文明建设，构建文明和谐社会。

第一节

网络语言文明与不文明的概念内涵

"文明"一词常与"文化"通用,指社会发展到较高阶段和具有较高文化状态。在英语中,civilization 一词源于拉丁文 civilitas,指"组织完善的、进步的社会"[①],或"令人舒适的、现代化的地区"[②]。基于"文明"与"野蛮"、"蒙昧"之间的对立关系,陈汝东(1996)提出,"语言文明"不能简单地等同于文明语言、文明言语、礼貌语言等概念,而是"人类在改造自然和社会的进化过程中,在语言文字生活领域所创造的先进成果和取得的成就,以及所达到的进步状态"。其中,话语作为文化和文明的符号,是语言文明、媒介文明的一种表现形态(陈汝东,2016)。冯广艺(2012)基于语言生态视域,认为和谐、健康、规范的语言是良好生态文明建设的必备条件。胡壮麟(2019)提出,语言在文明、文化、认同中起到核心作用,并就多元文明下的国家语言战略进行展望。徐大明(2020)以城市语言文明建设为出发点,分别从语言应用规范、礼貌用语、语言服务规范等方面对健康向上的城市语言环境进行阐释。此外,还有一些学者立足乡村(李现乐等,2020)、网络空间(王瑞敏,2021)的语言文明问题,对特定语境下的语言使用规范与不规范情况进行调研。

综上所述,目前涉及语言文明的研究多关注语言文明所包含的某一方面,并对其进行探讨或调研,但就语言文明的概念及其所涵盖的具体内容,学界尚未形成统一看法。正如徐大明(2020)所提到的:语言是人类文明的重要体现。但是,至今这仍然是一个比较模糊的命题,需要进一步澄清的是,哪些语言行为是人类文明的高端,哪些又是相对低级的发展阶段的

[①] 原文为 a society that is well organized and developed(《朗文当代英语辞典》)。
[②] 原文为 a place such as a city where you feel comfortable, especially because it is modern(《朗文当代英语辞典》)。

表现。

钱冠连（2018）认为，语言既是听话人（阅读人）的审美对象，同时也是说话人（写作人）的审美媒介。由此，语言在句式、话语节奏、话语押韵等方面的求新、求美倾向是个体（及心理）动态平衡结构与语言系统动态平衡结构和谐、共振的结果。此外，陈汝东（1998）提出，日常言语交际中的语言文明与不文明话语不仅限于语言的美丑层面，同时还涉及言语行为或言语动机的善恶问题，即伦理道德问题。就语言使用中的道义与伦理问题，陈新仁（2017）认为，人们通过话语来执行和建构道德秩序，凸显特定的权利与义务关系，以推进特定交际目标的实现。可以说，语言文明在话语表达层面至少应涵盖两个方面的内容：语言本体维度，主要涉及言语形式，即特定词汇、句式、语义、语篇等是否能与交际者的审美需求形成和谐共振；语用维度，主要关注话语交际策略，即交际双方的话语实践是否旨在建构正面的、积极的道德秩序或人际关系。

与传统话语实践相比，具备远程、即时、广泛等特征的网络语言交际受到的道德约束力较弱，且其言语形式往往呈现多符号、多模态等特征。结合网络信息交互的新特征，以及上文提到的语言文明所包含的两个方面，我们尝试将网络语言文明界定为：

> 在网络语境中，以满足主体间话语伦理、传播良好价值观为前提，在形式上符合国家官方用语规范、体现语言文字的美学价值，在内容上避免挑战或伤害网民交互关系、构建自身良好形象的网络言语及其使用状态。

其中，"符合国家官方用语规范、体现语言文字的美学价值"表现为由"不规范"到"美学价值"的连续统，主要反映在语言本体维度上；"避免挑战或伤害网民交互关系、构建自身良好形象"主要关注交际双方的关系管理策略，体现在语用维度上（图4.1）。

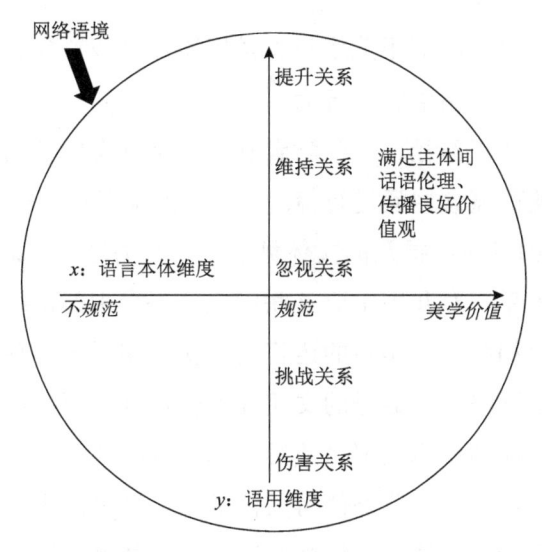

图 4.1 网络语言文明的概念界定

图 4.1 中箭头指向圆圈的内部，表示网络语境，坐标轴的第一象限即为网络语言文明。首先，在网络语境下，尽管交际双方因线上交流受到的道德约束力较弱，但若要体现文明、和谐的话语实践效果，主体间的信息交互仍会尝试在道德层面达到彼此承认、相互理解，从而实现自身的存在意义与价值（哈贝马斯，2000）。因此，不论网络语言文明的表现形式如何，其话语实践应是以满足主体间话语伦理、传播良好价值观为前提的。

其次，坐标轴的横向 x 轴体现网络语言文明的语言本体维度。在该坐标轴中，言语形式表现为由"不规范"到"美学价值"的连续统。其中，网络语境下的文明话语实践或言语表征至少应符合国家官方用语的基本规范。此外，为与阅读人的动态平衡结构形成和谐共振（钱冠连，2018），写作人须在网络用语的词汇、句式、语义、语篇等方面求新、求美，从而体现语言文字的美学价值。

最后，坐标轴的纵向 y 轴体现网络语言文明的语用维度。对人际关系的有效管理是人际语用的重要功能之一（Spencer-Oatey，2002）。在网络语境中，尽管交际双方往往会展现出更加多元甚至异质的言语表达形式，但其交际的全过程或特定阶段仍具有伤害关系、挑战关系、忽视关系、维持关系、提升关系的连续统关系管理需求（陈新仁，2018b）。据此，在积极、文明的互联网交际中，双方所采用的语用策略至少是以避免挑战或伤害双方关系、构建自身良好形象为宗旨的话语实践行为。

　　就网络文明的实现路径，一些学者立足网络社会中的语言文明问题，尝试对网络语言文明的概念内涵进行梳理，并从关系管理模式（Spencer-Oatey，2008；陈新仁，2018b）所提及的文体域、言语行为域、话语域、参与域、非言语域五个方面入手，对我国主要互联网社交平台中的网络评论话语进行整理与分析，以探讨相关话语实践的语言文明实现路径与实现层面。基于研究结果，网络语境下网络评论话语的文明性不仅体现在语码和信息层面，一些旨在构建积极、正面的交际氛围，或维持和谐交际关系的话语实践同样能够体现网络语言的文明效应。此外值得关注的是，数量庞大的旁观者是网络评论话语实践的潜在参与主体，对构建和谐、文明的网络话语具有重要的影响作用。

　　上述研究结果，一方面对倡导网络语言文明实践具有一定的启发意义，另一方面也可为进一步深入探究和治理网络语言不文明提供借鉴。具体而言，目前关于网络语言不文明治理的相关研究多结合信息技术手段，关注一些网络骂詈词汇或不文明用语的语料库建设或监控问题（Al-Garadi et al.，2019；Moreno et al.，2019），即更多地指向网络话语的语码和信息层面，而涉及机构性话语交际氛围和网民交互关系的语境、交际层面治理研究仍较匮乏。面对网络语境下数量庞大的旁观者群体，如何更好地引导其在正面、积极的价值观驱动下参与网络话语实践，已经成为学校教育、社会宣传、家庭语言规划等领域共同参与网络社会治理的当务之急，因此如何从管理部门层面、企业层面和个人层面联动开展系统性网络文明与不文明研究就显得格外必要。

第二节　网络空间语言文明与不文明调查设计

在全球新媒体技术的不断深化发展中，网络社会逐渐成为"地球村"互联互通的重要媒介，尤其是在交通受限、地区管制等突发状况不断的"后疫情"时代，各类新媒体与社交平台在保障国内外各行各业的正常运转方面发挥着不可磨灭的作用。库克（Cook，1998）提到，网络媒体对国家与国家、国家与民众、民众之间的关系影响深远，且越发成为参与治理的重要工具；2018 年全国网络安全和信息化工作会议指出，推进全球互联网治理体系是大势所趋、人心所向。可见，网络社会治理对内而言，是进一步促进与丰富我国民生建设的重要服务需求；对外而言，是在百年未有之大变局的时代背景下，我国紧抓国际秩序重建新机遇，塑造文化软实力、发出中国声音的重要路径。

值得注意的是，网络媒体与社交平台中充斥着各类不和谐语用现象，引发学者的广泛关注（Price & Dalgleish，2010；Coyne et al.，2016；陈新仁和方小兵，2015；王建华和胡云晚，2016；李宇明，2020a 等）。鉴于网络语言治理是社会治理的重要方面，开展相关调研、治理与规划工作，无疑是时下语言学界亟待开展的热门课题。

一、研究问题

第一，网络空间管理部门层面的语言文明与不文明如何表现？
第二，网络空间企业层面的语言文明与不文明如何表现？
第三，网络空间个人层面的语言文明与不文明如何表现？

二、语料搜集

管理部门层面涉及中央及其下属机关单位。中国政府网作为国务院和国务院各部门，以及各省、自治区、直辖市人民政府在互联网上发布政府信息和提供在线服务的综合平台,是研究管理部门层面网络语言文明情况的首选。因此,笔者在中国政府网官方网站(http://www.gov.cn/hudong/index.htm)互动界面收集了 2014 年 7 月 29 日至 2021 年 12 月 31 日共计 445 条留言回复,并就礼貌标记语(感谢、谢谢、您等)使用情况做了统计分析。此外,为了了解下属机关单位网络语言文明情况,本书还收集了黑龙江省人民政府新闻办公室官方微博"@黑龙江发布"2021 年 9~12 月共计 537 条政务微博。"@黑龙江发布"作为黑龙江省人民政府官方微博,主要负责宣传黑龙江省发展、发布天气信息以及公开疫情动态。

笔者将 537 条微博文案按照语言规范、语用规范进行分析归类,在分析过程中按照出现的主要语言文明问题作出了分类(表 4.1)。

表 4.1　"@黑龙江发布"2021 年 9~12 月政务微博中语言文明的维度、类型及表现

维度	类型	表现
语言规范	文字	错别字、缺字、多字、符号替代文字等
	词汇	专业缩略词、方言等
	语法	搭配不当、成分缺失等
语用规范	不当身份标签	"深夜手机党""啃老族"等可能会引起群众焦虑、反感等负面情绪的标签语
	健康传播语言威胁	"有可能导致失明"等具有威胁性的健康警示语
	礼貌语标记缺失	在微博中涉及与网民互动时未使用"您""请""感谢""谢谢"等礼貌标记语
	信息过度公开	涉及过多公民个人隐私信息如姓名、年龄、住址、职业、工作单位等

在分类过程中,若某微博涉及以上任意一种语言文明问题,将该微博计数为 1 并统计在该类问题下;若某微博涉及多个相同语言文明问题,不论数量如何,均计数为 1;若涉及多个不同语言文明问题,则在每一类问题下均予以计数;不涉及语言文明问题的文案被视为符合语言文明规范和要求,不涉及语用文明问题的文案被视为符合语用文明规范和要求。在个人层面,对新闻话题的自由评论是体现个体文明语言使用情况的重要途径之一,而"@人民日报"微博账号拥有近 1.51 亿粉丝,是新浪微博平台粉丝数最多的新闻

媒体。因此，笔者还从"@人民日报"自动精选的15条微博的网民评论中根据网络低俗语和网络语言暴力的定义选出部分示例帮助说明个人层面的不文明语言使用情况。

网络语言的泛滥和空前的言论自由赋权致使网络语言环境失衡（易花萍，2016），这使得网络语言文明显露出诸多问题，比如品味低下、语言错误、低俗恶劣和语言暴力等（郭龙生，2016）。近年来推行的"清朗"、"净网"和"护苗"等行动有助于规范网络语言，促进语言文明建设。但如何切实践行这些政策需要管理部门、企业和个人层面的共同努力。为此，学界展开了研究。为方便分类，我们根据语言文明与不文明所涵盖的内容（Chen，2020）对语言文明的定义做出新的补充。本章的语言文明指的是在特定社会时期和特定语言环境下，符合语言表达规范，且不会使受话人感受到冒犯、羞辱、愤怒、不适等负面情绪的语言现象。下面将分别从管理部门层面、企业层面和个人层面介绍网络空间中的语言文明与不文明现象。

第三节 管理部门层面的网络语言文明与不文明

在文献整理过程中我们发现，学界对于国家管理部门层面的语言文明研究几乎处于空白。这很大程度上可能是因为国家各级行政机关积极响应语言文明建设的要求，对于自身语言文明实践进行了严格规范，导致管理部门层面的语言文明与不文明研究语料不足。然而，尽管管理部门层面已经基本实现了语音、字词和语法规范并确保语言的内容健康、情感积极和包容性强，但经过对"@黑龙江发布"政务微博、中国政府网留言回复、部分省市的疫情通报等语料的分析发现，管理部门层面仍然存在较为明显的语言不文明问题，主要体现为语言不规范和语用不文明两个方面（表4.2）。具体来说，在将"@黑龙江发布"2021年9～12月537条政务微博进行综合考察后，我们发现语言维度的不文明问题（201条）远高于语用维度的不文明（78条）。

表4.2 "@黑龙江发布"2021年9～12月政务微博中语言文明的维度及其数量与占比

维度	不符合语言文明要求的微博数量（条）及占比（%）	符合语言文明要求的微博数量（条）及占比（%）
语言	201（37.43）	336（62.57）
语用	78（14.53）	459（85.47）

另外，通过将语言维度分为文字、词汇、语法等类型（表4.3）可以进一步发现，语法不规范是语言维度的主要文明问题，具体发生数量为141条，远远高于词汇（47条）和文字（13条）失范数量。下面结合具体实例予以说明。

表 4.3　"@黑龙江发布"2021 年 9-12 月政务微博中语言维度的语言文明类型及其数量

单位：条

维度	类型	不符合文明规范的微博数量	符合文明规范的微博数量
语言	文字	13	524
	词汇	47	490
	语法	141	396

一、文字不规范

政务微博中文字不规范问题主要体现为错别字、缺字、多字以及符号替代文字等主要类型（敬笑迎，2018）。由表 4.3 知，文字失范在"@黑龙江发布"的语言文明问题中数量最少（13 条）。这说明目前的语言文明建设基本上消除了文字层面的规范问题，也反映出当下管理部门层面在语言文明方面大多将语言规范简单地理解并投射到文字使用规范上。实际数据和分析表明，文字不规范问题仍然不可忽略。这是因为文字作为政务微博话语的基本构成单位，是语言文明最基本的体现，一旦出错会反映出管理部门缺乏严谨的审查态度，降低其在公众心目中的权威性，从而可能直接冲击文明社会建设的认同度与融入度。具体实例如下。

例（1）5～6 日，虽然配置上了高空槽天气系统，但水汽条件配合地不好……[①]

例（2）@哈尔人接到这个疫情短信别慌![②]

例（3）随着哈尔滨地铁线网的不断完善，客流也实现了大幅增长……首日单日客流达 17 万人次……哈市单日地铁客流首次突破 50 万人次大关，其中 11 月 27 日单日客流达 53.61 万人次。[③]

例（4）治愈出院！11 月 21 日，黑河再＋14![④]

[①] https://m.weibo.cn/3950759014/4710569246982349[2022-04-23].
[②] https://m.weibo.cn/3950759014/4710712854973645[2022-04-23].
[③] https://m.weibo.cn/3950759014/4710007431759739[2022-04-23].
[④] https://m.weibo.cn/3950759014/4705963133895117[2022-04-23].

例（1）中出现了错别字，"地"应改为"得"；例（2）和例（3）中出现了缺字现象，应改为"哈尔滨人"和"客流量"。错别字的出现直接反映了部门审查机制的缺陷和人员审查的态度，"哈尔人"的使用降低了本地居民的认同感、归属感以及对管理部门的信任感。例（3）中"客流"是人们为了实现各类出行活动，借助各种交通工具形成的有目的流动，包含流量、流向和流时等要素，客流流量是旅客流动的数量，流向指流动的方向，流时指流量的时间分布。在表达"实现大幅增长时"应指的是"客流量"而非"客流"，此为认知错误导致的文字失范，与例（2）稍有区别，但仍然显示出文字素养能力的不足；例（4）中使用"＋"表示治愈病例数量增加，而作为官方政务微博，非必要情况下应避免使用简便的符号替代文字，保证文字在语言文明建设过程中的主体地位。政务微博因高传播性，其文字失范容易在转载过程中广泛传播，并可能造成网民相继模仿，进而形成规模性语言不文明现象。

二、词汇不规范

政务微博中词汇失范包括使用专业缩略词和方言等（敬笑迎，2018），在我们的语料中共出现47条。具体实例如下。

例（5） 同时严格落实"三不进站、六不出站"。①

例（6） 做到"五注意"，即注意起步、注意行驶、注意视线、注意坡路、注意停车。②

例（7） 采取"上楼子""搭架子""码趟子"等措施，防止出现坏粮。③

在例（5）中，"@黑龙江发布"使用了"三不进站、六不出站"的缩略词并且未作详细说明。此类缩略词增加了受众的理解负担，尤其是在新冠肺炎疫情期间，个体情绪更为敏感，任何官方发布的不规范信息都容易引发群

---

① https://m.weibo.cn/3950759014/4706001129308608[2022-04-23].
② https://m.weibo.cn/3950759014/4705671947749696[2022-04-23].
③ https://m.weibo.cn/3950759014/4705671947749696[2022-04-23].

体焦虑与抵抗。对于此类重要的防疫术语，不具备相关背景知识的受众甚至无法理解，因此管理部门层面的语言使用需要考虑到受众对象的理解成本与情感维度，从而有效避免负面情绪传染。与之相比，在例（6）中，涉及"五注意"等词时，在缩略词后加以解释，便于公众理解，体现出公共危机语境下的人际温度，而这正是"文明社会"的重要意涵之一。例（7）中，"上楼子""搭架子""码趟子"等均为方言词，只面向特定受众，同样不利于规范文明语言的传播。因此，管理部门在词汇方面的语言文明上，应避免使用专业性的缩略词和特定群体内部的方言词，以降低受众理解成本。

三、语法不规范

从管理部门层面的网络语言来看，政务微博的语法规范存在搭配不当、成分残缺等问题，在我们的语料中共出现了141条，占比最高。具体分析如下。

例（8）……快速阻断社区传播和疫情输出风险。①

例（9）为严格落实"外防输入、内防反弹"的防控策略，有效控制和降低疫情传播风险……②

例（10）通过轨道交通，引领城市发展格局奠定基础，同时，拉动周围沿线的经济发展，促进了区域的发展。③

例（11）……少聚餐，分餐制，倡导健康的生活方式。④

例（8）中，谓语"阻断"与宾语"风险"并不搭配，应如例（9）所示改为"控制和降低"。例（10）缺少主语，可以改为"轨道交通为引领城市发展格局奠定了基础"。例（11）缺少谓语，可以改为"鼓励分餐制"。语法失范是政务话语中常见的语言不文明现象，因为政务话语长句居多且句式结构复杂，容易造成成分缺失等情况。这一点必须引起管理部门的高度重视，提

---

① https://m.weibo.cn/3950759014/4710703292747546[2022-04-23].
② https://m.weibo.cn/3950759014/4710647088284449[2022-04-23].
③ https://m.weibo.cn/3950759014/4710007431759739[2022-04-23].
④ https://m.weibo.cn/3950759014/4709902620821840[2022-04-23].

高相关主管与监管人员的规范使用文字能力。相对于文字和词汇层面的不规范而言，语法维度不规范更隐秘，对于公文撰写者的要求更高，因此出现频率最高也不难理解。但是考虑到网络空间中信息传播的散点性特征，这种隐性的语法使用不规范必须引起高度的重视，否则对于管理部门以及政府形象都有负面影响。

四、语用文明与不文明

通过对"@黑龙江发布"的相关语料进行分析，我们发现，语用维度的语言不文明主要表现为如下几点：不当身份标签、健康传播语言威胁、礼貌标记语缺失以及信息过度公开。从统计数据来看，在78条存在语用文明问题的政务微博中，礼貌标记语缺失（41.03%）是最明显的问题，健康传播语言中的语言威胁（21.79%）和疫情动态中对于病例信息的过度公开（23.08%）占比几乎持平，不当身份标签的使用（14.10%）相比最低。具体数据见表4.4。

表4.4 "@黑龙江发布"2021年9~12月政务微博中语用维度的语言不文明类型及其数量与占比

语用不文明类型	微博数量（条）	占语用不文明的比例（%）
使用不当身份标签	11	14.10
健康传播语言中的语言威胁	17	21.79
礼貌标记语缺失	32	41.03
对于病例信息的过度公开	18	23.08

（一）不当身份标签

正确的身份标签可以拉近说话者与受众的距离。相反，错误使用身份标签则会引起受众的不适甚至反感。在我们的语料中，发现11条身份标签存在问题的语料，具体如下：

例（12）随着天气转冷，又有不少"候鸟族"准备飞去海南等地过冬。①

例（12）中"候鸟族"本意用来指代为了躲避不喜欢的季节而东奔西走的年轻人，是一种拉近距离的可爱称呼。实际上，"候鸟族"还表示"白天乘坐公交车、地铁或私家车奔波几十公里从郊外赶到市中心，然后在晚上一脸疲惫地赶回去的职员"。由此可见，管理部门的发文忽略了词语的多义性，可能会给符合标签的群体造成心理压力，造成不该有的社会焦虑与抵触。根据语言文明的定义，容易引发负面情绪的身份标签（如手机党、吃货、懒人等）应属于不文明语言现象，值得引起管理部门层面的关注。

（二）健康传播语言威胁

为了引起人们对健康危害的重视，健康传播者可能会使用旨在唤起强烈消极情绪反应的沟通策略。当人们（尤其是弱势群体）接触到这些威胁性风险信息时，会产生焦虑、痛苦和无助感（Hastings et al., 2004）。从语言文明与不文明的角度来看，健康传播语言应宣传正确健康实践的积极作用，而非通过介绍不进行健康实践的危害来威胁受众，使受众产生负面情绪。在我们的语料中，发现了17条这样的例子，其中两条如例（13）、例（14）所示。

例（13）……长时间的屏幕辐射会引起机体免疫力下降，易出现疲惫、恶心等不良反应，另外，手机的信号接收辐射会影响人的脑部神经系统，久而久之可能会使人智力下降。②

例（14）……如不加以注意，则会诱发结膜组织的慢性炎性病变，造成慢性结膜炎。另外，手机释放的大量的蓝光，轻则导致视疲劳、干眼症，重则导致青光眼、黄斑变性，如果未获得及时诊治，有可能导致失明。③

例（15）勤洗手，保持手卫生；处理口鼻分泌物；做好通风

---

① https://m.weibo.cn/3950759014/4707477738492077[2022-04-23].
② https://m.weibo.cn/3950759014/4707170401390431[2022-04-23].
③ https://m.weibo.cn/3950759014/4707170401390431[2022-04-23].

和清洁；家居表面保持清洁；定期进行餐具消毒……①

例（13）和例（14）中使用"可能会使人智力下降""有可能导致失明"等威胁性话语意图使受众认识到长时间使用手机的危害。但是，这种表达方式极易催生受众的焦虑、不安等负面情绪，从受众感知角度来说属于语用维度的不文明语言现象。相比之下，例（15）则以积极的方式引导民众进行健康实践，是管理部门层面采用健康传播语言方式的正面实例。

（三）礼貌标记语缺失

礼貌标记语属于语用规范，是社会文明用语最明显的语言语用特征（Chen，2020）。由于"@黑龙江发布"与网民的互动较少，为从政民互动角度了解管理部门层面礼貌标记语的使用情况，本书还收集了中国政府网 445 条留言回复并做了统计分析。中国政府网作为国家为人民服务的网上平台，对人民的建议留言应保持谦逊态度，对建议人使用敬称，在积极采纳建议的同时应对建议人表示感谢。这一方面体现人民当家作主的地位以及国家为人民服务的宗旨，另一方面也有利于鼓励更多民众提出管理问题和建议。但在对 445 条中国政府网留言回复的词频统计中，我们发现，"您"共使用 110 次，"感谢"共使用 40 次，其使用场合主要如下面各例所示。

例（16） 您好！近期，您在中国政府网"我向总理说句话"平台就关注农村"三留守"问题的留言收悉。②

例（17） 感谢您对"三农"热线问题的关注以及对我们工作提出的建议。③

例（18） 特此说明，感谢您对文化工作的关心和支持！④

从例（16）、例（17）、例（18）中可以发现，面对民众的留言建议，"您好""感谢您"等应是留言回复中应具备的基本礼貌标记语，但从统计数据可

---

① https://m.weibo.cn/3950759014/4711705822629674[2022-04-23].
② http://www.gov.cn/guowuyuan/2015-05/07/content_2858153.htm[2022-04-26].
③ http://www.gov.cn/hudong/201412/5058094.htm[2022-04-26].
④ http://www.gov.cn/hudong/201407/5058092.htm[2022-04-26].

以看出,"您"和"感谢"等礼貌标记语的使用数量远低于留言回复数量。换言之,大多数回复都只对留言内容做了直接回复,却忽略了礼貌标记语的使用,从而未能达到改善人际关系、拉近距离的效果,给人十分生硬、刻板的感觉。因此,有关部门在回复此类留言时应设定统一的礼貌标记语使用规范,确保语言文明建设在管理部门层面的贯彻实施。

(四)信息过度公开

个人信息的过度公开可能会导致对被公开人的人肉搜索和语言暴力,而语言暴力则是语言文明建设过程中需要着力解决的问题。根据对部分省市病例行程通报的观测,我们发现不同省市对病例身份信息的描述不尽相同。以黑龙江省黑河市、北京市、青海省西宁市的病例行程通报为例,具体分析如下。

例(19) 病例一,赵某,女,53岁,农民,住黑河市爱辉区人保财险社区水岸华府小区10A楼。[1]

例(20) 新冠肺炎确诊病例46,……现住黑河市爱辉区花园街道金兰社区林业职工集资楼。[2]

例(21) 确诊病例2,耿某某,居住在东小口镇魏窑村。[3]

例(22) 本土确诊病例5号:赵某某,女,34岁,居住地为城北区金座雅园1期1号楼,工作地点为城西区疾控中心。[4]

从例(20)、例(21)、例(22)的比较中可以看出,2021年11月份部分省市在通报病例行程时,对于病例的个人信息介绍涵盖范围有所区别,黑龙江省较为简洁,只包括居住地点,北京市在此基础之上增加了姓氏,青海省西宁市则描述了病例姓氏、性别、年龄、居住地点和工作地点等多项信息。病例行程通报的主要作用是提醒密切接触者主动上报检查,因而在地点的提

---

[1] https://m.gmw.cn/baijia/2021-01/08/1302015289.html[2022-04-26].
[2] https://view.inews.qq.com/a/20211102A033KE00[2022-04-26].
[3] https://m.gmw.cn/baijia/2021-11/03/1302663799.html[2022-04-26].
[4] https://baijiahao.baidu.com/s?id=1715395598039689996&wfr=spider&for=pc[2022-04-26].

示上可能是必需的，但其他身份信息不仅作用甚微，还可能导致病例身份的泄露，进而产生网络语言暴力。从例（19）和例（20）的对比中可以发现，不同时期黑龙江省的病例行程信息内容相差甚远。这是因为在2021年9月的疫情中，黑龙江省的首例病例由于身份信息过度泄露而遭受严重的网络语言暴力，受害者收到无数的谩骂短信和骚扰电话，甚至被冠以"毒王"的称号。此外，信息中诸如"农民""无业者"等职业信息不仅对疫情防控没有帮助，反而容易造成带有歧视和偏见的言语评论。由此可见，各级行政机关在发布相关信息时，应斟酌有关身份信息的必要性，减少语言暴力产生的可能性。

综上所述，当前在管理部门层面，语言的字词、语法仍然存在一定问题。从语用层面来看，尽管管理部门层面使用的语言大多内容健康、情感积极，但仍然存在使用身份标签、语言威胁警示、不规范礼貌标记语以及过度公开个人信息等情况。其中，身份标签和礼貌标记语的使用不规范会让受众产生不受尊重感，健康传播语言威胁会使受众产生焦虑情绪，个人信息过度公开引发的语言暴力直接损害了他人的正面或负面面子（耿雯雯和谢朝群，2020），从受众的感知角度来看仍然属于语言不文明的范畴。此类属于语言规范和语用规范中较为边缘化的议题，因而在语言文明建设过程中容易被忽视。此类问题不仅会导致网络语言交际的文明礼貌缺失，严重者还会导致语言暴力、语言歧视和偏见等一系列语言文明问题。管理部门层面的高度影响力甚至会增加此类语言文明问题的破坏力。因此，管理部门层面的各级行政机关需要认真排查当前的语言文明问题，确保管理部门层面在实践过程中的语言文明，为发挥管理部门层面对企业和个人层面的影响力奠定基础。

第四节　企业层面的网络语言文明与不文明

天津市语言学会修辞语用分会第二届学术年会上，学者一致指出：广告传媒语言的文明和规范是语言文明建设的重要组成部分。在网络空间中，企业层面的语言文明特征最为明显、影响范围最广的当数广告传媒语言。商业广告、宣传文字、商家名称等，有时为了凸显宣传效果而使用谐音字、象形字等替代正确用语，同时还会出现内容不健康或容易使消费者产生负面情感的语言。

一、语言失范

针对网络广告语言中的语言不文明现象，鲍悦等（2019）对1000条广告做了统计，其中语言失范现象占比约61%。他们进一步指出网络广告语言的失范包括谐音字（如雷达电蚊香片广告：默默无"蚊"）、错别字（如"已收到实物为准"，"已"应改为"以"）等汉字失范现象，以及外语词滥用（如"美cry"表示"太美以至于哭了"）、字母词滥用（如赢取10s彩蛋）、生造词（如"雅思趴"表示"雅思party"）、拼写错误（如HKS应改为HSK，表示汉语水平考试）等词汇失范现象。从语法角度看，搭配不当、成分多余、成分残缺、句式杂糅、语序不当、符号和图形充当语法功能、词类活用随意是主要的语法失范现象（鲍悦等，2019）。除网络广告外，网店名和电影名是语言不文明现象的另一聚集地，其中最显著的现象为谐音字的使用。具体实例如下。

例（23）《怦然星动》《从天儿降》《不可思异》——电影名

例（24）花花饰界、衣衣不舍——淘宝网店名

例（25）虎胆龙威、虎啸龙吟——影视剧名

例（23）中"星""儿""异"分别改动了原成语中的"心""而""议"。

例（24）中"饰"和"衣"分别改动了原成语中的"世"和"依"。企业出于宣传的目的，对成语进行了人为篡改，破坏了汉语成语中丰富的历史意义和内涵，且不利于规范语言的传播。篡改之风一旦盛行，网络乃至社会上出现的正确成语将越来越少，极易误导儿童学习错误的成语。相比之下，例（25）中使用原成语作为影视剧名，在符合语言规范的同时，也能够起到良好的宣传效果。

二、诚信失范

除语言文字层面外，互联网广告在文案内容上应追求"真善美"。"真"对应真实性原则，包含四个层面的意思：第一是广告信息以及介绍的产品真实，符合客观实际情况，不做虚假的宣传和承诺；第二是要用真实的表达方式，能够让受众理解清楚，不会使其误解；第三是不能刻意隐瞒广告上所宣传产品的缺点；第四是在广告宣传方式上要做到清楚明了，要有明确的广告标记，不应该采用新闻广告的形式增加商品或服务的信服力。违背真实性原则的广告则属于诚信失范。具体分析如下。

例（26）玩游戏也能轻松赚钱，满 0.3 元即可提现，秒到账。
——烧烤大亨软件广告

例（27）无需（须）邀请好友，提现没有门槛。——全民开餐厅软件广告

例（28）抖音，记录美好生活。——抖音软件广告

以烧烤大亨和全民开餐厅软件广告为例，当用户下载烧烤大亨软件后，文案内容中满 0.3 元即可到账，实际上只能提现 0.3 元。若用户需要提现更多，则需要完成看广告等指定任务，用户在花费大量时间完成任务达到提现金额后，又会发现提现还需要完成邀请好友等其他条件。通过不提及全部条件而让用户误认为提现简单，商家试图借助用户和自身信息的不对称利诱用户下载软件，当用户认为指定任务完成难度过高而放弃时，其已经完成了软件的下载，商家的部分目的已经达成。换言之，商家通过隐瞒部分条件做出

了不完全的宣传和承诺，对用户造成了时间、精力的损耗，并使用户感到失望等消极情绪。因此，根据语言文明的定义，违背真实性原则的广告语言属于语言不文明的范畴。相比之下，例（28）的抖音广告语"记录美好生活"表达出软件"记录"功能，在不违背真实性原则的前提下向用户传达积极的心理暗示，从内容和情感上均属于文明网络广告语。

三、语言暴力

互联网伦理原则中"善"指代秩序性原则。秩序性原则要求广告主体之间形成一定的秩序，公平竞争，不恶意诋毁对手。企业间出于竞争而恶语相向的行为称为企业层面的语言暴力。不妨看一看一些"双十一大战"中的广告以及其他宣传文案。

例（29）　快递等半月，你丫很闲啊
　　　　　下单不比价，你丫首富啊
　　　　　差评被人肉，你丫胆大啊
　　　　　看我造神话，你丫眼红吧
　　　　　熬夜扑个空，你丫神经啊
例（30）　价格这么高，划算个××啊
　　　　　商户这么少，shuan××的火锅节啊

例（29）在"双十一大战"中使用的宣传文案中使用了"你丫""眼红""神经"等词进行语言攻击，以及"闲""首富""胆大"等词进行隐晦的讽刺。例（30）中的宣传文案使用"××"替代不文明语言。企业间的语言暴力对拼势必会形成网络舆论，并在各自支持者之间形成敌对情绪，不利于和谐文明社会的构建，从而违背了语言文明的初衷。

四、审美失范

艺术性原则强调内容美和形式美的统一，内容美要求互联网客观真实，在内容上杜绝三俗丑恶，应该用美的内容给用户带来视觉和听觉上的享受，进而提升用户审美观，彰显人文关怀，促进社会良好道德风尚的形成。而形式美则体现在词型和音韵优美、句型排列整齐等方面（党玲玲和李延林，2006）。

例（31）来，共享炮，了解一下！——某打车软件宣传文案标题

例（32）创新体验，谁不想领驾于先。——某汽车广告语

就内容而言，部分广告通过一些隐晦的色情表达强调产品价值，不仅没有创意，语言也不文明（周明强，2005）。例（31）中该打车软件使用"共享炮"的字眼进行性暗示，极易引起消费者反感。此外，一些网络广告语言的"庸俗化"、"腐朽化"和"封建化"是需要消除的消极情感因素，比如"帝王""贵族"等字眼容易引起消费者之间的攀比，误导不良消费心理（宫严和魏忠显，2000）。相比之下，应当提倡着眼于自身品质和用户体验的广告语，比如例（32）中某汽车广告语，不仅语音上押韵，也用简练的语言突出了自身的产品创新和全新体验，并呼吁消费者抢先体验，内容上呼应了语言文明的要求。

五、语言歧视

企业在招聘人才时，通常根据岗位需要设置招聘要求，合理的招聘要求不能涉及语言歧视。但实际观察发现，企业网络招聘广告中的语言存在性别歧视（刘明辉，2016）和其他歧视现象，比如户口歧视、年龄歧视、毕业院校歧视等（李璐等，2016）。

例（33）招收35岁以下，男性，985院校毕业，无肝炎患病史。——某企业招聘广告

例（33）的招聘要求中，"无肝炎患病史"属于不太合理的要求，存在一定的身份歧视和偏见，有肝炎患病史的求职人员会因此产生消极情绪。企业可删去此要求或修改为"身体健康"，不针对特定人群。此外，严格来说，该招聘广告中的其他要求也存在一定的年龄、性别、毕业院校歧视，除必须

外，应至少添加"满足以上条件者优先"等字样，不仅可以保证原有的筛选效果，还能在语气上更为缓和，不伤害求职人员的心理。

　　总而言之，企业层面的语言不文明类型较之管理部门层面区别明显。在语言失范方面主要表现为谐音词的使用更加频繁，此外还存在诚信失范、语言暴力、审美失范、语言歧视等问题，容易使受众产生失望、羞辱、不适等负面情绪。形成该问题的原因主要是政策实施不充分、企业自身的逐利性以及用户个体的心理。企业层面的语言不文明会导致失范语言和负面情绪在个体间广泛传播，进而减缓社会整体的语言文明进程。因此，企业应积极响应管理部门的政策要求，从语言和语用层面规范语言使用。

第五节　个人层面的网络语言文明与不文明

　　从研究主体来看，当前研究对于不同年龄阶段的网络用户的语言文明现状进行了不同程度的探讨。比如，儿童使用网络不文明语言是具有无意识性、从众性和盲目性的，受到儿童道德认知能力、归属感等内部原因和外部社会环境原因的双重影响，在矫正时应通过教师提高儿童的道德认知水平、培养儿童高尚的道德情感以及塑造儿童的道德行为（乔丹丹，2015）。中学生群体对于网络语言的知晓度较高，使用积极性也相对较高，但对网络语言内涵的认知力有限，因而在使用网络语言时同样具有盲目性和随意性，容易产生语言不文明现象（王炎龙和邓倩，2008）。对于中学生的网络语言文明培育须注意性别差异和学校特点，应通过社会宏观引导、学风家风教育、学生个体心理塑造机制等塑造中学生的网络语言文明新风尚（祝春兰等，2017）。大学生也同样存在网络语言的不文明问题，例如，网络流行语的滥用、粗俗用语、语言纠纷和语言暴力等（窦东徽等，2017；路崴崴等，2020）。不文明网络语言的使用可能会淡化大学生的民族意识、提高大学生的犯罪概率、造成大学生的人格缺陷（胡在东，2017）。但实际上大学生对不文明网络语言有着较为全面的认知，使用不文明网络用语多为回击"脏行为"、发泄不满、释放压力、显示个性或进行人际互动，在文明环境约束和自我认知警醒下，大学生对不文明网络语言也会产生抵制（仵兆琪和陈婷，2020）。这种抵制反映了大学生网络行为的合理性与可控性，但少数大学生对于不文明的网络语言盲目地接受及运用，又在一定程度上体现了其网络行为的不理性和不规范（刘宏达和李刁，2014）。

　　此外，网络节目主持人作为公众人物，其网络语言文明程度同样备受关注。在语音特征上，声韵调变异（如恋爱错读为 liàn nài）、多音字发音错误（如角色错读为 jiǎo sè）、字词音错读（如倔强错读为 juè jiàng）是主要的语音失范现象（顾莹和张颖炜，2019）。此外，网络节目主持人还不当引用了部分网络语言（如"伤不起"）、外来词（如"这不是俏江南的 logo 吗？"）、方言（如"咦！你这是弄啥嘞？"）等不规范语言（姚喜双和李桃，2012）。此类语言失范现象属于语言层面上的不文明，观众容易在不经意间接受并继续传播错误用语和不文明用语。在语用层面上，部分电台主持人存在散布淫秽色情信息（如"陪睡，你要吗？"）、低俗话语（如"人不猥琐枉少年"）、辱骂言语（如"这帮球员就是垃圾"）等不文明语言的现象（赵瑶，2020）。

从研究内容来看，网络流行语、网络低俗语和网络语言暴力是当前个人网络不文明语言研究的核心内容。网络流行语是指由网民创造或由网民积极传播的，进而被多数网民认可、接受并使用的语言（杨萍，2010），其形成与语言本体、社会、文化与认知等多项因素密切相关（吴炳璋，2020）。学者们对网络流行语的概念、类型、特征、生成传播机制、社会功能和影响、舆情和控制展开了深入探究（王仕勇，2012）。以 2021 年十大网络流行语为例①：

例（34）卷/内卷、躺平、破防、emo、yyds（永远的神）、夺笋、赓续、社恐/社牛、一整个×住、普信男/女

例（34）中 emo、yyds、×都使用了字母或符号替代文字，"夺笋"使用了谐音替代"多损"，"社恐/社牛"以及"普信男/女"则使用了缩略词形式，以上均为不规范的语言表达形式，对于规范化文明语言的传播会产生严重影响（于鹏亮，2014）。此外，普信男/女均为贬低他人的标签，这些不文明的网络流行语对传统伦理发起了冲击，成为网民发泄怨气的出口（叶虎，2016）。但这些网络流行语并不都被划分在不文明语言的范畴，比如"赓续"，因习近平总书记号召全党"大力发扬红色传统、传承红色基因，赓续共产党人精神血脉"而产生，传达了积极的精神内涵。

网络低俗用语指网民们在网络中互相进行言语攻击、讽刺、调侃和发泄消极情绪时所"创造"的一些特殊的信息符号或者特别的用法。以人民网舆

---

① https://baijiahao.baidu.com/s?id=1718731318330252288&wfr=spider&for=pc[2022-04-27].

情监测室 2015 年发布的《网络低俗语言调查报告》中网络低俗语排行榜前 20 个词语和"@人民日报"微博评论为例。

例（35） 尼玛、屌丝、逗比、砖家/叫兽、艹、你妹、装逼、草泥马、我靠/我擦/我中艸茻䒳、妈蛋、逼格、特么的、撕逼、滚粗、蛋疼、小婊砸、傻×、跪舔、绿茶婊/心机婊、碧莲①

例（36） 我 tm 还不知道家暴报警啊！那要有用啊有用有用啊艹。②

从网络低俗语排行榜中可以看出，以情绪发泄为目的的网络谩骂和恶意中伤以及以粗鄙低俗为个性的网民表达占据多数，这一方面和网民的文化程度有关，另一方面也和网民的心理有关。尽管由于克制准则和网络语言规范相关政策的约束，网络低俗用语倾向于使用隐晦表达方式（马嘉敏，2017），比如例（35）中的谐音替代（如"尼玛"表示"你妈"）、缩略词（如 tm 表示"他妈"）等形式，但并未改变其语言低俗的本质。从例（35）、例（36）可以看出，网络低俗语泛滥至今，其不仅保留了部分原有表达，同时还在不断添加新的语言形式。此类低俗语言借助网络的传播效力进入公共生活领域，势必会聚集社会戾气，影响语言文明，危害语言生态（石琳，2017）。

网络语言暴力指使用谩骂、诋毁、蔑视、嘲笑等侮辱歧视性语言，使受害者的精神和心理遭受侵犯和损害。以"@人民日报"微博评论③为例。

例（37） 很讨厌这种不尊重人式敷衍的回答，她觉得自己还很幽默？考古脑子考坏了吧？

例（38） 希望她以后别当老师，误人子弟。

例（37）、例（38）是对于"@人民日报"发布"北大考古女孩凡尔赛式分享学习心得"一文的评论。从上述例子中可以看出，网络语言暴力并非只局限于性语（如操、鸟等）、贬称语（如猪、狗等）、诅咒语（如出门车撞死

---

① https://baike.baidu.com/item/网络低俗语言排行榜/17742101?fr=aladdin[2022-04-27].
② https://m.weibo.cn/2803301701/4727804807352786[2022-04-27].
③ https://m.weibo.cn/2803301701/4728402613896577[2022-04-27].

全家人死光）、人身攻击（如智障）等一系列不文明语言（李舒慧，2013），诸如"脑子考坏了吧""误人子弟"等含有谩骂、诋毁、嘲笑等侮辱性语言也同样属于语言暴力，此类语言暴力以无形之力对当事人的自尊、名誉等造成了不可磨灭的负面影响。尽管语言暴力多数用于对不文明现象的回击，但以不文明对抗不文明，无异于以暴制暴。比如，为强调垃圾分类而使用诅咒辱骂式的不文明语言，即使达到了文明的结果，文明在此过程中也已然缺位。此外，诸如"女司机"等特定群体指称常存在一定性别和能力歧视（熊景星，2017），"恐龙"等隐喻虽然采取了隐晦的表达方式，但仍然在侮辱面貌欠佳的女生。另外，"这种不要脸的人就要曝光他"等评论话语通过呼吁人肉搜索（余智琪，2019）实现了语言暴力的外延形式，也违背了语言文明的内在要求。

第六节 网络空间语言不文明管理对策

针对不良网络语用现象的宏观管控与规约、对不良言语参与主体的引导、对不良言语的语言本体监控一直是西方学界关于互联网语用问题的主要治理对策。据此，我们认为，面对数字化时代与百年未有之大变局，我国网络空间语言治理可尝试从以下几个方面予以探索。

一、完善纵向传递与横向协调相结合的网络语言治理体系

网络既是"资源"，又存在"威胁"。如何在尽量规避威胁的前提下，最大限度地运用网络信息资源，是网络语言治理实践中需要思考的首要问题。福龙克（Flonk et al., 2020）认为，美国及欧洲各国在网络治理体系中多提倡行业自律原则；中国等亚洲国家的行政力量在其网络治理体系中往往扮演更多角色。诚然，世界各国在互联网信息的管控上都非常严格，但规避各类网络威胁、维护国家与民族利益本就应是治理的基本出发点。譬如，美国尽管在网络治理领域主张行业自律原则，但同时也设立了严格的法律、使用监控手段等维护本国的网络信息安全。从这个方面讲，我国的网络信息治理在现有体系下虽取得了一定成就，但相关法律、监管机构的完善仍有很大的调适空间。

如果说政府引导下的纵向治理体系为我国规避网络信息威胁取得了一定成就，那么从另一角度来看，我国非政府实体组织、行业机构、网络社区联盟等涉及横向网络语言治理的体系则相对单薄，一定程度上限制了我国网络资源利用能力的发展。例如，批评语言学者普遍认为（Fowler et al., 1979；Kress, 2001），权利是驱动并内嵌于语言使用当中的，其核心在于所属群体的文化观念与其被赋予的社会共识。语言与文化的关系千丝万缕，语言行为与语言互动往往成为塑造各类权利差异的重要影响因素之一。由此，随着我

国在国际各类组织及活动参与度的逐渐增强，如何充分利用互联网信息传播快、辐射广、普适性高的特点，将我国丰富的优秀传统文化资源以公正客观的姿态向世界传播、形成良性互动，无疑是新时代提高我国国际对话力、塑造中国文化软实力、发出中国声音的重要抓手，而对我国历史文化、语言舆情、新闻传播等领域的相关企业、机构进行联动整合与引导，使其逐步融入我国的横向网络语言治理体系，是实现时代使命的有益尝试。

二、构建针对网络语言参与主体的多维引导机制

基于前文对"网络霸凌"言语、网络詈语、网络谣言的研究梳理可以看出，现阶段网络社会中存在的诸多语用不和谐现象，所涉及的参与主体无外乎以下三类：不良言语信息的发布者、不良言语信息的受害者、不良言语信息的旁观者。首先，针对不良言语信息发布者的治理，国内外相关行政机构往往通过制定法律、设置信息监管部门等路径，尝试在用网规范方面对信息发布者进行一定的威慑与规约。例如，美国的《1996年电信法案》、新加坡的《广播法》等相关法律和英国互联网观察基金会、新加坡媒体发展管理局等组织机构，均对网络不良言语信息发布者做出了约束与管理。由于该视域与上一节所涉及的治理体系构建维度有重合之处，在此不再赘述。

其次，针对不良言语信息受害者的治理，一般多通过学校教育、社区或家庭协助、医学观察、心理辅导等路径，旨在对受害者的身心恢复或预防起到一定的积极引导作用。例如，乌拉安德仁等（Vlaanderen et al., 2020）的实验研究表明，学校开设针对用网规范与心理辅导的相关课程，对预防网络霸凌、保护学生身心健康发展具有显著积极作用；阿格雷等（Agley et al., 2021）的研究表明，学校教育与家庭协助相结合的校内外综合干预措施，可以促进学生的心理健康，预防、抵制网络霸凌。青少年群体是网络霸凌、网络詈语等互联网不良言语现象的主要受害者。目前，我国大部分中小学尽管开设了心理健康辅导、计算机使用相关课程，但课程内容是否切实能为预防、抵制网络社会中的诸多问题产生有针对性的作用，值得教育部门关注；此外，家庭语言管理是语言政策与规划实践的重要环节（Splosky, 2009）。英国前

教育及就业大臣戴维·布伦克特（David Blunkett）曾号召："要从学校和家庭开始消除下流话与骂詈语"（转引自斯博斯基，2011：21）；美国则鼓励家长购买媒体语言过滤设备，防止多媒体中的不良言语行为在家庭中传播（斯博斯基，2011）。对比我国，广大家长对青少年网络使用的监管行为往往局限于对用网时间、用网内容的限制，限制的目的也多局限在保护视力、防止学习成绩下滑等视域，而对于互联网对青少年言行举止、心理健康的潜在危害性意识不够。因此，相关知识的积极宣传与普及工作值得学校、社区以及新闻传播、语言舆情等部门的关注。

最后，与不良言语信息发布者、受害者的数量相比，旁观者在网络语言参与主体中占据的比重最大，其重要性不言而喻。有研究认为，网络信息的旁观者对于不良言语行为能否迅速传播，以及传播范围的大小具有重要影响作用（Kazerooni et al.，2018），而针对此类人群的相关治理服务仍有很大的挖掘空间。祖比亚加等（Zubiaga et al.，2016）的研究发现，大多数网络用户往往会对未经证实的网络谣言给予信任并转发。可见，为广大网络用户提供相关"辟谣"服务是控制网络谣言的必要措施。例如，英国常年招募特定行业、领域内的专业技术人员作为志愿者，以社区为单位专设信息咨询机构为社区公民辟谣解惑、普及知识；在我国，新冠疫情防控工作的重要环节之一就是网络平台中的"辟谣"。以此为经验，以社区、网络平台为依托，开设覆盖领域更广、时效性更强的常态化"辟谣"服务，无疑是治理网络不良语用现象尤其是网络谣言传播的可行路径之一。

三、加强服务于网络舆情监控的语言本体与应用研究

网络语言治理的另一个重要路径来源于对不良言语的监控工作。从相关文献梳理可以看出，网络舆情监控的研究成果往往涉及互联网信息技术、新闻传播、法律、社会学、医学、语言学等多个学科领域。但目前我国语言学界围绕该话题的研究成果极为单薄。诚然，与新闻传播、互联网信息技术领域相比，语言学领域在信息传播理论、网络监控技术研发等方面相对薄弱。但网络上的各类信息绝大多数是语言信息，网络在某种程度上来讲其实是语

言网络，语言数据已成为网络社会的重要生产要素（李宇明，2020a）。因此，网络语言治理研究，归根结底是要解决互联网社会中的语言问题。在网络舆情监控实践中，围绕目标语言本体而从事相关理论与应用的研究必须在语言学的视域下予以突破。例如，无论是网络霸凌言语、网络詈语，还是网络谣言，其实施者与受害者往往在年龄、性别、感兴趣的话题等方面呈现一定的群体性特征（Li et al., 2020）。据此，以言语社区理论为基础，辅以互联网大数据手段在相应的言语社区追溯参与主体并进行针对性的语言信息监控工作，或许能为更高效地预防、过滤网络不良言语提供便利条件；此外，已有大量研究成果提及，构建针对网络不良言语的语料库，是网络舆情监控工作的有效实践路径。那么，网络不良言语主要涉及哪些领域或范畴？各个领域的网络不良言语呈现什么样的特征？对上述语料进行广泛汇集与研究，是建立、更新相应语料库的前提与保障，而针对此类语料的调研与分析工作，无疑是语言学研究应尽的时代使命。

第七节　本 章 小 结

　　语言文明作为社会文明的重要体现，是社会精神文明建设中不可或缺的一环。本章根据语言文明的定义，以黑龙江省政务微博、中国政府网留言回复、"@人民日报"微博评论等为语料，通过宏观描述和微观描写，定性分析和定量分析结合的方法，从管理部门层面、企业层面和个人层面分别探讨了各层面语言文明现状。研究发现，在管理部门、企业和个人层面均存在语言不规范的问题。在管理部门层面，文字、词汇和语法问题依次增加，此外还存在使用不当身份标签、健康传播语言威胁、礼貌标记语缺失以及信息过度公开等语用不文明问题；在企业层面，诚信失范、语言暴力、审美失范、语言歧视等是主要的语言文明缺失现象；在个人层面，网络流行语、网络低俗语、网络语言暴力是个体使用不文明网络语言的主要形式。管理部门层面应坚持显性政策和隐性共识并举，企业层面应设置网络监管后台，个人层面应文明理性、互相监督，共同助力国家治理当前网络空间中的语言失范失序失德，营造清朗的网络空间，提高中国故事的文明叙事传播效果，推进国家语言文明建设。

第五章　城市语言文明话语实践的推广方案

中国是东方文明古国，素有"礼仪之邦"的美称。以文明方式行事，就意味着通过言辞和劝说（即和平的方式），而不是通过强迫或暴力来实现目的（阿伦特，1998）。在这层意义上，语言文明就是要言辞礼貌，不说粗话脏话，或表达形式符合通用规范，减少公共空间存在的语言粗鄙化现象（王玲和陈新仁，2021），消除互联网使用中青少年群体遭受的语言霸凌现象（Van Hee, et al., 2018）等。

然而，在城市化推进过程中，城市市民在各类公共活动领域中的文明素质亟待提升。另外，随着城乡一体化加速发展，城市治理中新矛盾、新现象、新课题不断出现，如何更好地规范、倡导和促进市民的文明言行，成为一个十分紧迫而重要的问题。

李宇明（2012）在《论语言生活的层级》一文中指出，语言规划有宏观、中观、微观三个层级，宏观层级包括中央和地方政府，中观层级包括企事业单位等各类社会终端组织，微观层级包括家庭和个人。宏观、中观、微观领域构建了城市语言文明话语实践推广方案的基本框架。

相应地，语言文明话语实践推广也可以分为三个层面：在宏观层面，党和政府需要长期大力建设符合法治和德治要求的社会大环境；在中观层面，企事业单位需要在机构内部营造文明的语言生活氛围,以及向社会提供的良好的语言服务;在微观层面,家庭与个人需要在公共场合和网络环境中实施文明言行。

第一节 宏观层面城市语言文明话语实践的推广方案

从宏观层面上讲，语言文明是城市精神文明的重要组成部分，是便于交际和令人愉悦的语言大环境。要推广语言文明话语，人民代表大会和政府要分别制定和颁布相应的法律和条例，营造文明和谐的语言环境；管理部门制作的号令和宣传用语要遵循语用规范。前面提到的语言大环境应该基于物质文明、精神文明、政治文明、社会文明、生态文明这五大文明理念，应该符合法治和德治相得益彰的要求。

法律是成文的道德，道德是内心的法律；法治是国家的强制之治，德治是社会的教化之治（李林，2016）。国家法律和社会道德都具有规范社会行为、调节社会关系、维护社会秩序的作用，在国家治理中都有各自地位和功能。推广语言文化话语实践，应该通过健全法制来保障语言文明行为，同时要倡导德治来传播语言文明意识。

一、健全法制，保障语言文明行为

用法治力量推进社会文明进程是党中央治国理政的重要部署。为促进城市文明建设，通过法律形式将部分道德规范变为法律规范，在世界各国或地区均有相应的案例。这些法律规范中，不仅有进行宣传教育的促进手段，也有对不文明行为的处罚措施。日本制定了《轻犯罪法》，针对一些轻微道德违反行为进行处罚。在我国香港，在公共场所讲粗话、不排队上下车等不文明行为都构成违法，最高可判罚款2000至5000港元，情况严重的还将处以监禁。

语言立法是国家语言政策的最直接体现。2001年1月1日起正式实施的《国家通用语言文字法》是我国第一部语言文字方面的专门法律，确立了普通话和规范汉字作为国家通用语言文字的法律地位。同时，这部法律要解决的问题之一是对语言文字的社会应用进行管理，使得我国城市景观建设有法可依。大众传媒、公共场合的用语用字是该法的主要规范对象,包括公共服务行业及公共设施、招牌、广告及企事业单位名称等,这些都是城市语言景观建设需要认真规划和考虑的。在修订《国家通用语言文字法》时,应该增补与语言文明相关的内容,立法禁用各类不文明语言。

通过立法规范市民言语行为,对于提高城市文明程度具有重要的意义。首先,立法后能够强化文明行为促进的执行力度,增强权威性,提高公信力。其次,可以厘清语言不文明行为的违法界限。现实中,普通民众对语言文明行为的界定还比较含糊,但法律对促进语言文明在不同领域的表现形式、实施方法会做出严格规定,通过立法可以进一步界定道德层面的文明行为和法律层面的文明行为,可以为鼓励或处罚市民行为提供清晰、明确、可操作的法律依据。最后,立法有助于建立表彰语言文明行为的长效机制。违法成本过低,处罚手段单一,是语言不文明行为屡禁不止的重要原因。通过立法,适度加大对此类行为的处罚力度,并采取纳入社会信用记录等举措,有助于在全社会形成自觉抵制语言不文明行为的良好风气。

从国内来看,目前已有多个城市颁布实施了文明行为促进法规。例如,深圳市人大常委会于2012年通过了《深圳经济特区文明行为促进条例》;2015年,《杭州市文明行为促进条例》颁布(2016年实施,2021修订);2020年,《南京市文明行为促进条例》颁布并实施;2021年,《重庆市文明行为促进条例》正式实施。

《南京市文明行为促进条例》要求"司法和行政执法人员应当做到着装规范、仪容整洁、语言文明;公民应当着装得体,言行举止文明,不喧哗,不使用低俗语言;……可以聘请文明行为引导员,协助做好文明行为的宣传、规范、倡导和不文明行为的劝阻、制止等工作。文明行为引导员对不文明行为人进行劝阻、制止时,应当文明用语、举止规范"[①]。《重庆市文明行为促进条例》要求"公交车和出租车驾驶人用语文明、规范服务;遵守医疗服务行为规范,尊重患者,用语文明……"[②]《杭州市文明行为促进条例》要求:

---

① http://nj.bendibao.com/news/2020820/92934.shtm[2022-04-27].
② https://www.cqrd.gov.cn/article?id=238062[2022-04-27].

"公民应当语言文明,不以语言、侮辱性动作挑衅他人。"①《湘潭市文明行为促进条例》要求"礼貌用语,不争吵谩骂、不说脏话粗话"②。《广州市文明行为促进条例》要求"行政执法人员应当文明执法,着装规范、仪容整洁、语言文明。公民应当举止文明,衣着得体,不得大声喧哗、使用粗言秽语……使用文明语言,不得侮辱、诽谤他人"③。

  胡培安(2001)认为"语言规范化是衡量一个民族文明尺度的重要参数之一",周秋原(2005)指出,"语言文字规范化是一个国家发展和社会文明的标志"。换言之,公共场合的语言使用符合国家规范,也是语言文明实践的一个标志。例如,青岛市政府 2018 年开始实施修订版《青岛市社会用字管理暂行规定》,其中第二条明确规定单位名称牌匾、公文、公章、证书、奖状、布告、标语、宣传栏、橱窗等用字,应当以国家通用语言文字为基本用语用字;第十条规定标语牌、地名标牌、告示招牌以及涉外单位的牌匾等需要书写外文的,外文与汉字必须并用,上为汉字,下为外文,不得单独使用外文。④又如 2010 年以来国家质量监督检验检疫总局⑤和国家标准化管理委员会发布的公共服务领域外文译写规范系列国家标准(GB/T)规定了公共服务领域外文翻译和书写的原则、方法和要求,适用于公共服务领域中场所和机构名称、公共服务信息的外文译写。

二、倡导德治:传播语言文明意识

  如果社会上完全没有语言文明意识,就很难一步到位推动语言文明建设。文明意识是一个城市乃至一个国家现代化的重要体现,而公共语言文明

---

 ① http://www.hangzhou.gov.cn/art/2016/3/31/art_1154179_677622.html[2022-04-27].
 ② https://baijiahao.baidu.com/s?id=1701371403816917285&wfr=spider&for=pc[2022-04-27].
 ③ https://flk.npc.gov.cn/detail2.html?ZmY4MDgwODE3NDkxNTdiMjAxNzRhMDJiMDMyNDA3MDI%3D[2022-12-17].
 ④ http://www.qingdao.gov.cn/zwgk/zdgk/fgwj/fggz/zfgz/faggzqt/202110/t20211001_3408710.shtml[2022-04-27].
 ⑤ 2018 年 3 月,根据第十三届全国人民代表大会第一次会议批准的国务院机构改革方案,将国家质量监督检验检疫总局的职责整合,组建中华人民共和国国家市场监督管理总局。

建设离不开文明意识的养成，这需要广泛持久的社会教育、学校教育、家庭教育与自我教育。近年来，管理部门通过弘扬社会主义核心价值观，自上而下有意识地在全社会强化人们讲文明有礼貌的自觉意识，引导公民树立语言文明意识，推广文明语言使用，提升语言文明素养，养成文明言行的习惯。

党的十七大报告提出了建设生态文明的目标。冯广艺（2008）在《生态文明建设中的语言生态问题》一文中指出，构建良好的语言生态环境，是抓好生态文明建设，为构建社会主义和谐社会服务的一项重要工作。生态语言学有"豪根模式"和"韩礼德模式"。其中"豪根模式"聚焦语言生态，探讨语言及其环境之间的关系，关注语言污染等问题；"韩礼德模式"则聚焦语言对生态环境的影响，关注和谐话语分析中的"良知原则"、"亲近原则"和"制约原则"，这些都与语言文明息息相关。随着人们生态文明意识的增强，语言文明与生态文明将会越来越趋于融合。

在公共场合布置标语是我国管理部门进行文明宣传的常见和有效形式，而通过城市标语可以很好地提升人们的语言文明意识。例如，在抗击新冠疫情期间，不少城市张贴和悬挂了各类抗击疫情的暖心标语："病毒无情，人间有爱。""口罩一戴，福气常在！回家洗手，健康就有！""见屏如面，网络拜年也团圆；宅家锻炼，增强体质很重要。""相信如期而至的不止春天，还有疫情过后平平安安的你。"标语自身语言形式文明得体，表达的内容积极向上，有助于营造文明和谐的社会大环境。

然而，若以不文明对抗不文明，无异于以暴制暴，不文明的标语是起不到劝导和提升社会文明的效果的。2021年11月24日《光明日报》提到，一小区物业垃圾分类提示板上的标语，让不少住户感到不适："乱扔垃圾出门车撞死全家人死光""乱扔垃圾，猪狗不如""你腿瘸了还是眼瞎？"……《光明时评》栏目指出，这类"诅咒辱骂式标语"近年来不断侵入公众视野，明明想要达到文明，却偏偏采用了不文明的手段，不是本末倒置了吗？文明只停留在了目标和结果层面，却在完成的过程中缺位了，不禁让人疑问："用不文明的方式，能够让社会文明吗？"

同时，管理部门应该建立文明行为的记录档案，获得文明模范等荣誉称号的个人，应当记入个人人事档案。同时，要建立文明个人的表彰机制，鼓励国家机关、事业单位、企业和其他组织依法对本单位在文明行为方面表现特别突出的工作人员进行表彰和奖励。

最后，在倡导语言文明意识过程中还有一个经常被忽视的内容，即消除语言腐败，不说假话、空话、套话，营造风清气正的语言生态（李凌燕和左凯，2020；方小兵，2021）。语言腐败主要表现在话风败坏，不符合赫伯特·保罗·格莱斯（Herbert Paul Grice）的真实性原则，违反"诚实"的社会价值观。空洞式、吹捧式和掩盖式等类型的语言腐败会污染政治生态，影响公序良俗。《语言与国家》一书专辟"语言与政府风貌"一章，论述了文风的重要性，充分体现出编纂者对"文风关乎世情"的清醒认识，从侧面进一步揭示了语言系国运的深刻道理。因此，可以借助党风建设、政府作风建设来消除语言腐败，进一步提升语言文明意识。

第二节 中观层面城市语言文明话语实践的推广方案

从中观层面看，各类事业单位、企业、社会团体和其他组织常常会结合自身实际和特点，积极参与城市文明话语实践推广工作。下面从公共事业单位、学校、企业三个方面来进行举例说明。

一、公共事业单位

公共事业单位包括文化事业单位（如广播电台、电视台、出版社、报社、杂志社、剧团、影院等）、卫生事业单位、体育事业单位、交通事业单位、城市公用事业单位（如园林绿化、城市环卫、市政维护）等。这些单位通常自身具有一定的文明素养，因此更应该承担起提升社会整体文明程度的责任。

首先，广播电台、电视台要带头履行语言文明承诺，发挥媒体的社会影响力、塑造力和监督作用。一方面，要正面鼓励，即宣传一些语言文明实践案例作为示范和榜样，鼓励媒体制作语言文明方面的专题节目、综合节目，比如类似《中国诗词大会》形式的"中华文明礼仪大会"。另一方面，要像曝光交通违规一样，曝光语言不文明行为。比如，江苏交通广播网曾经以"出口成脏，污染了城市耳朵"为题，曝光了一些城市交通事故处理过程中的不文明的言行。影视制作部门要签署语言文明承诺书，报纸、广播、电视等公共媒体应当积极宣传社会文明建设，刊播公益广告，批评和谴责不文明的语言行为，对不文明的公示语进行监督批评，组织开展"语言文明活动周"，营造全社会鼓励和促进语言文明的氛围。伴随着我国互联网事业的高速发展，一些低俗、庸俗的网络流行语大行其道，人们对此表示反感甚至痛恨。新媒体旨在"引导"舆情，而不是"引爆"话语，应该让互联网成为传播先进文化的新途径、服务公共文化的新平台、推广语言文明的新空间。

其次，社会团体在城市语言文明建设中可以发挥积极作用。据《昆明日报》(2018年11月5日)报道，昆明市"市民文明巡访团"成为文明城市建设中的"啄木鸟"，首批30名巡访团团员来自昆明市各行各业，有机关公务员、企事业单位工作人员、律师、在校大学生、教师、自由职业者。巡访团团员还进行了上岗培训，他们不仅注意城市公共环境里的语言文字使用错误，而且重点关注语言的不文明现象。另外，学术团体、学术平台可以发挥学术监督作用、宣传作用，如社科联牵头成立的"啄木鸟"组织不仅只捕捉不规范用字用语，而且可以捕捉不文明语言文字。文艺团体可以通过文娱节目(如小品、相声、曲艺)来宣传语言文明，鞭笞语言不文明行为。

再次，窗口行业应该发挥典型的示范带动作用，营造浓厚的语言文明创建氛围，推动窗口单位语言服务水平不断提升，为巩固全国文明城市创建成果作出贡献。银行、医疗、邮政、电信、宾馆、风景园林等窗口服务行业应当根据服务对象、服务范围等制定文明服务行为规范和管理办法，要出台语言文明实施规则，督促工作人员做到语言文明、服务热情，以贴心服务换来群众的认可。一个个为民服务的小窗口可以展示语言服务的靓丽风采，体现社会发展的大文明。机场、车站、码头等窗口也是语言文明实践的重要场所。机场(尤其是国际机场)是城市文明的重要"窗口"，在这里的不文明行为容易引起别人的反感。2012年，在中央精神文明建设指导委员会办公室、中国民用航空局和首都精神文明建设委员会办公室的指导与推动下，首都机场开展了"同创共建精神文明，合力展示国门形象"活动[1]。2017年，张家口机场以创建文明城市为契机，制定出台《2017年张家口机场文明创建工作方案》，利用宣传栏、电子显示屏、橱窗展板等平台，广泛宣传文明行为和文明礼仪，做到售票、值机、安检、贵宾室等窗口服务工作人员仪表端庄，礼貌待人，用语文明，不断完善机场的文明窗口形象。[2]又如江苏省镇江市句容市某车辆管理所的墙上张贴着下列文明用语牌(表5.1)，倡导交通警察执法执勤时使用文明语言，值得赞扬。

---

[1] http://www.bjwmb.gov.cn/zxgc/wmsj/t20130820_536549.htm[2022-04-28].
[2] http://www.zjkwmw.gov.cn/news/201705/1325.html[2022-04-28].

表 5.1　公安民警执法执勤用语

1. 您好。早晨好（下午好）!
2. 请进。请坐。
3. 请问您找谁?
4. 请问有什么需要帮助的吗?
5. 请出示您的驾驶证、行驶证。
6. 对不起，请稍等。
7. 请稍等，我帮您查一下。
8. 抱歉，让您久等了。
9. 感谢您对我们工作的支持。
10. 请慢走（请走好）。
11. 再见!（再会!）
12. 请您说慢一些。
13. 请您大点声音。
14. 请大家自觉排队，谢谢!
15. 请您把事情的经过如实详细地讲一下。
16. 我理解您的心情，请不要激动，慢慢讲。
17. 希望您给我提宝贵意见。
18. 有事欢迎随时来电。
19. 不用谢，这是我们应该做的。

最后，行业协会与学会是公共事业单位的重要类型之一，它们通常肩负推广城市语言文明的社会责任。例如，由于部分书法从业人员为了迎合市场而粗制滥造，甚至以丑为美，书写和传播"丑书"，贻误大众，2022年2月初，中国出版协会等11家协会和学会联合发布《关于规范使用汉字的倡议》（简称《倡议》）。《倡议》指出，汉字是传承中华文明的重要载体，是中华文化的根，是最具代表性的中华优秀传统文化标识。规范使用汉字、表现汉字之美，需要全社会共同努力。大力弘扬汉字所蕴含的中华文化精神，更好地服务人民群众美好文化生活新期待和经济社会高质量发展需要。①

---

① https://mp.weixin.qq.com/s?__biz=MzA4NTI2NzU2Mg==&mid=2654263453&idx=1&sn=11f1d8ba5a5646b75179ac35aca3c150&chksm=841afd98b36d748e3857266596db16f1e4803044cdc0decdd6af5769abfd28553978d08b2f3e&scene=27[2022-04-28].

二、学校

学校是推广语言文明话语实践的主阵地。语言文明教育要从娃娃抓起才更有效,要将语言文明教育纳入学前教育及中小学教育,做到语言文明教育"进教材,进课堂,进头脑"。

为了促进学生文明意识的提高和文明语言行为的养成,营造文明和谐的校园氛围,许多学校都开展了"建设文明校园,争做文明学生""树立语言规范意识,构建文明校园环境""讲普通话,写规范字,做文明人"系列活动,把学生的语言文明和行为文明作为常规教育的基本内容,通过电子屏、宣传橱窗创设有利于学生健康成长的校园文化环境,让语言文明教育"进校园,进课堂,进师生心里",真正融入校园的每一项活动中。

教材是语言文明的载体和传播媒介,其作用历来受到人们的特别关注。可以推出语言文明方面的通俗读物,尤其是适合儿童阅读的插图故事。同时,要仔细检查剔除教材中的不文明语言。例如,安徒生童话《丑小鸭》入选小学课本时,很多语言表述都被改动,如"大家都叫它'丑小鸭'",原文为"丑八怪"。译者无心,但对作为读者的小学生来说,"丑八怪"很有可能成为他们口中的"口头禅"甚至是给同学起的绰号。于是,编者把他们认为的不文明用语"丑八怪"换成了"丑小鸭"。

除了优化教材外,教育工作者还可以通过改编歌曲创作童谣,用孩子们喜欢的方式诠释文明礼仪。中国甘肃网 2017 年 5 月 12 日曾以"用孩子们喜欢的方式诠释文明礼仪"为题,报道了校园推广文明礼仪的经验。中国文明网还进行了转载。比如,有的学校为孩子们挑选了耳熟能详的《小苹果》作为旋律,在歌词的选择上,则是填上学校改编过的社会主义核心价值观的歌词(李晓霞,2017),并将《学生文明礼仪基本常规十条》谱成歌曲唱出来:"见人要微笑打招呼,语言文明无脏话,出操放学有秩序,爱护公物勿损坏……"有的还采用中央电视台《朗读者》节目的形式,让学生朗诵"常用礼仪用语":"问人姓名用贵姓,问人年龄用贵庚。读人文章用拜读,请人改文用斧正。请人批评说指教,求人原谅用包涵……"

通过举办主题教育活动来推广语言文明话语实践也是一个常见方案。例如，开展"小手拉大手、文明一起走"素质教育实践活动，清除污言秽语，向语言霸凌说"不"；开展"扣好人生第一粒扣子"活动，养成语言文明习惯，在日常生活中，见到老师、同学、朋友能热情问好；遴选"美德少年"，以语言文明、举止文明作为遴选指标之一；还有"国旗下宣誓"主题教育活动，如"我宣誓：从今天起，我要告别不文明行为，不断提高自己文明素养，做到举止文明，语言文明，多用礼貌用语，不说粗话，不骂人，向不文明行为告别"。

三、企业

从企业层面上讲，语言文明是企业重要的社会责任，也是企业文化建设的重要内容。然而，目前许多含有淫秽、暴力、恐怖、粗俗等内容的低俗广告、店铺名、物品名、标语和公示语大多来自企业，这些高度突显的低俗内容往往会引发受众的负面情感，对全社会的文明话语造成不良影响（Chen，2020）。

企业是城市语言景观建设的重要参与者。城市语言景观如同城市的地标，代表着城市的文化特色，是城市的文化名片。城市语言景观建设一定要反映出城市的历史文脉、文化底蕴和风土人情，与当地文化和谐共生。许多百年老店的匾额、对联、标语等将城市的"地理空间""物质空间"升华为充满人文气息的"精神空间"，这对于塑造城市形象具有重要的意义。然而，一些新型百货大楼、商贸中心的景观语言乱用外来词语，中文表述不符合国家语言文字规范标准，外文译写存在明显错误，与城市文明建设格格不入。还有一些街头小商品，为了追求"夺人眼目"的效果，不注重景观语言的信息功能，而是通过怪异的店铺名和低俗的企业广告来招揽顾客。这样的语言景观充斥街头，对城市语言文明话语实践推广有百害而无一利。

企业文明建设的内容包括企业的价值观念、习俗仪式和企业环境。将企业文明建设扎根于日常管理之中，在企业的日常工作、表彰以及文娱活动中推广传承，在传授文明礼仪知识和培养文明言行习惯的过程中，使人们通过生动的活动来认识和领会企业文明的内涵。特别是公司的团建口号，除了能更好地拉近同事之间的关系外,也有助于公司的发展。例如,"精诚团结,续写传说""勿以小恶而为之,勿以小善而不为之""热忱为本,永续辉煌""笑口常开,重诺守信"等。

企业在工作之外,也可以开展精神文明创建活动,用一些既富于哲理又易于理解、简明扼要的语句来培育企业精神,比如王府井集团的"一团火"精神,温暖每一位顾客的心;格力电器的"掌握核心科技""让世界爱上中国造",激发员工的正能量,提高其创新能力。或者有意识地推广一些企业励志口号,促进语言文明话语的实施。例如,"小企业做事,大企业做人""多一份文明、少一点抱怨、多一些理解、少一点争执""礼貌待人,顾客至上;自我提升,良性竞争"等。还有的企业发布了《员工日常文明礼貌用语》,让员工在工作 8 小时之外认真学习、记诵。例如,"需要考虑说斟酌,请人谅解说包涵。等候别人说恭候,没能迎接说失迎。中途先走说失陪,请人勿送说留步。初次见面说幸会,请人帮忙说烦请。长期未见说久违,求人帮忙说劳驾。请人协助说费心,求人办事说拜托。祝人健康说保重,向人祝贺说恭喜。请人接受说笑纳,送人照片说惠存。希望照顾说关照,赞人见解说高见。归还物品说奉还,请人赴约说赏光。对方来信说惠书,自己住家说寒舍……"[①]

企业的商标名、品牌名以及在报纸、广播电台、电视台、网站等媒介发布的广告是企业文化的显性表征,也是企业语言文明程度的直接反映。企业在广告用语的策划过程中,应该做到自律,承担社会责任,注重企业的长期形象培育,避免产生不良社会影响。通过文明、规范、生动的语言表述,将企业形象传输到消费者的心田,从而推动商业文明的进步与发展。

---

① https://www.docin.com/p-2220044576.html[2022-03-05].

第三节

微观层面城市语言文明话语实践的推广方案

语言治理过程是一个多主体共同治理的过程，强调社会协同和公众参与度。每一个人都是文明城市的实践者、传播者和推动者，都要自觉维护城市的语言文明。微观层面的文明话语实践基本上是面向个人的言语行为。从个人层面上讲，语言文明是人们在语言使用中所体现出来的良好文化与道德修养，表现个人在言语行为上注重礼貌形式，避免语言暴力。在城镇化进程中，国家机关工作人员、教育工作者、人大代表和政协委员以及文艺界的公众人物等应当在文明行为促进工作中起表率作用，市民应当积极参与文明行为促进工作。在虚拟世界的语用实践中，应该警惕网络用语的污名化，整治语言暴力，包括侮辱谩骂、人身攻击、网络霸凌等暴力行为，消除"黑界""祖安文化""饭圈文化"等语言负能量。鼓励市民争当文明网民，用自己的实际行动传递正能量，为构建清朗的网络空间奉献力量。

一、推广文明礼貌话语，消除语言暴力

礼貌代表着对他人的尊重，是同理心的一种表现，反映了人性的真善美。恰当使用礼貌用语，可以融洽人际关系，有助于建立和谐的社会氛围。语言文明是一个社会文明程度的折射。在什么场合使用什么样的礼貌语言，实际上是一种语用规范，并不是可以自然习得的，而是需要指导和培训的。一个人经常被不文明的语言包围，就慢慢失去了对语言文明的意识。因此，我们除了要从小培养孩子学习使用礼貌用语，还需要在全社会大力宣传礼貌用语，以唤起民众的语言文明意识。

每一位市民都是城市文明的一面镜子。据湛江文明网报道，2018年中国海洋经济博览会（简称海博会）在广东省湛江市举行。为迎接海博会开幕，许多市民开始注重自己的言行，管好自己的形象，希望用文明的细节感染来

宾。市民语言亲切得体，能让参会人员如沐春风，给八方来客留下美好的印象和难忘的回忆，从而彰显湛江的城市文明（宋维宙，2018）。

城市语言文明建设要从小抓起，循循善诱。礼貌用语从娃娃抓起，是家庭语言规划需要包含的内容。现在太强调孩子的学习成绩，而不太重视孩子的文明成长。礼仪培训教育也要从娃娃抓起，用礼貌话语、规范用语、文明行为示范和熏陶这些未来的市民。同时，孩子也会从家人言语行为中习得语言文明，父母应该多使用文明用语，给孩子做榜样。家庭教育和学前教育对文明重视程度的提升，可以体现城市整体文明程度的提升。

构建良好的网络空间语言生态是文明建设的一项重要工作，语言不文明行为不仅污染网络空间，还会蔓延到现实社会，对人民群众特别是青少年群体造成巨大影响，甚至颠覆其道德观和价值观。2018年7月6日，泉州文明网曾以"莫让对喷群损害网络文明"为题，报道了"对喷群"的网络语言暴力："不走程序，直接开骂"成为众多"对喷群"的"群规"。群里网友们的对喷内容不仅是说脏话，甚而衍生了"别具一格"的骂人花式炫技。"骂人新方式"居然还得到群友们的"称赞"，有些人甚至"自愧不如"地表示："现在没有一点才艺都不敢骂人了。"对喷者大多是为了寻求情绪宣泄，但心理医生提醒，长期爱说脏话也有可能是患上了心理疾病。每一位市民在网络空间都应该注意杜绝语言暴力、语言歧视，以身作则，成为推广语言文明话语实践的形象大使。[①]

国家公务员，尤其是领导干部，应该在城市文明话语实践中起表率作用，然而在纷繁复杂的语言生活中，常常发生一些事与愿违的情况。例如，某法院在一个专门约束"民告官"的文件中发明了"恶意讨薪"一词，重点整治"恶意起诉"政府机关的人，不仅退回他们的起诉状，还把他们列入"黄名单"，严重者甚至要追究刑事责任。后来，因为舆论汹涌，该法院将此文件撤回。可见，文明礼仪和文明话语培训不仅青少年需要，成年人，甚至是一些公务员，也是需要的。

---

① http://qz.wenming.cn/wmlt/201807/t20180706_5312180.shtml[2022-04-29].

二、推广文明话语，抵制语言腐败

个人层面的语言腐败指拥有话语权的人为了私利和意识形态的目的，偷换语言的概念，曲解一些词义，甚至做出完全相反的解释。换言之，语言腐败是"冠恶行以美名"。语言腐败带来的不仅仅是社会的腐败和道德的沦丧，还有语言的混乱和美的流失。社会的秩序常常反映在语言的秩序中，《狂人日记》反映的就是新旧社会交替过程中社会的失序。

语言腐败通过语言手段达到腐败的目的，即通过控制术语的制定权和解释权，或通过控制语言传播信道，随意改变社会业已约定俗成的词汇或话语含义，以获取个人私利或集团私利。语言腐败定义中的"利"不一定是经济利益，也可能是获得社会资本。

孔子曰："巧言令色，鲜矣仁。"（《论语·学而篇第一》）。孔子认为花言巧语，装出和颜悦色样子的人仁心很少。巧言令色实际上就是语言腐败，是语言不文明的表现。在现代社会，其突出特征就是有些人说话"假大空"，自吹自擂，对别人阿谀奉承。还有一些人不顾及个人形象，在工作中语言出格失范，喜好哗众取宠，语不惊人死不休；在私下里热衷奇谈怪论，传播猎奇性新闻，热衷于讲黄段子，博取别人的关注和围观，以获取虚荣的"中心感"。这些不同类型的语言腐败，不仅是作风建设的大敌，更是政治生态庸俗化的突出表现。

我们应当认识到语言腐败的后果，因为当一个人已经腐化到侮辱思想纯净，从而宣传自己根本不相信的东西时，他就已经做好了干任何坏事的准备。语言腐败不仅侵蚀正常的人际关系，而且导致政治生态庸俗化，是社会文明退步的表现。一个时代的腐败首先是语言的腐败，语言腐败导致社会走向的高度不确定和不可预测性，导致人们选用最巧妙的语言来掩盖荒唐和罪恶。因此，我们应该大力提升全社会每一位公民的话语文明程度，消除各类语言腐败。

第四节 本章小结

语言文明话语实践推广需要在宏观、中观和微观层面同时实施。在宏观层面，党和政府需要长期大力建设符合法治和德治要求的社会大环境；在中观层面，企事业单位内部需要倡导文明的语言行为，向社会提供良好的语言服务；在微观层面，家庭与个人在公共场合和网络环境展现文明言行。

从宏观层面上讲，要推广语言文明话语，首先应该制定和颁布相应的法律法规，营造文明和谐的语言环境；管理部门制作的号令和宣传用语要遵循习惯的语用规范。要注意法治和德治相得益彰，通过倡导德治来传播语言文明意识，通过健全法制来保障语言文明行为。

从中观层面看，公共事业单位通常自身具有一定的文明素养，更应该承担提升社会整体文明程度的责任。学校是推广语言文明话语实践的主阵地，除了优化教材内容外，许多学校都通过举办主题教育活动来推广语言文明话语实践。就企业而言，语言文明是企业重要的社会责任，也是企业文化建设的重要内容。企业的商标名称选用、品牌的命名，以及在报纸、电台、电视台、网站等媒体发布的广告是企业文化的显性表征，也是企业语言文明程度的直接反映。企业是城市语言景观建设的重要参与者，企业可以在开展精神文明创建活动中，推广企业理念，培育员工文明素质。

从微观层面看，每一位市民都是文明城市的实践者、传播者和推动者。在城镇化进程中，国家机关工作人员、教育工作者、人大代表和政协委员等应当在文明行为促进工作中起表率作用，市民应当积极参与文明行为促进工作。要推广文明礼貌话语，消除语言暴力，抵制语言腐败。特别是在虚拟世界的语用实践中，要警惕网络用语的污名化，为构建清朗的网络空间奉献力量。

语言文明是城市文明的重要组成部分，要成为"城市文明典范"，就需要做好城市语言文明建设，树立语言文明意识，制定语言文明规范，充分发挥教育的基础作用、国家公务员的带头作用、新闻媒体的示范作用和主要服务行业的窗口作用，带动整个城市语言文明的提升。

第六章 城市语言不文明的治理对策

语言文明建设是社会建设的一部分,已成为国家高度重视的战略问题,也是近几年全国两会提案、议案较多的热点问题。本章通过系统梳理国内外语言不文明治理经验,尝试从管理部门层面、企业层面和个人层面提出城市语言不文明治理的可能对策,从而为系统的社会建设和实现《中华人民共和国国民经济和社会发展第十四个五年规划和2035年远景目标纲要》中的"提高社会文明程度"目标提供借鉴。

第一节 语言治理观及其实践范式

随着社会的逐渐分化和民主化进程的推进,传统以政府为主导的宏观语言规划在推行与实施上面临挑战。20世纪80年代初,国外学者(如罗伯特·卡普兰)开始思考微观层面的语言规划,以区别于宏观和中观层次的语言规划。托尔夫森(Tollefson,1981)也指出,未来语言规划会从宏观问题向微观问题转向,并会与交际民族志、微观社会语言学等理论联系起来。巴克霍伊岑和诺奇(Barkhuizen & Knoch,2006)、卡纳加拉哈(Canagarajah,2005)等也先后对教育领域尤其是学校社区语言规划开展了研究。微观层面语言规划的兴起,是对宏观语言规划活动的补充。"治理"(governance)概念因符合这种需求,被引入语言规划研究领域。"治理"概念,最早被运用在管理领域,之后被政治学、经济学、社会学等其他领域广泛使用。由于研究目标的差异,不同领域的学者们对"治理"概念的界定存在差异,但在"治理"概念的基本特征方面,却形成了一些共识。治理过程中,传统强制的命令方式被协商、互动、合作的方式替代(James,1992;曾庆捷,2017)。洛克林和威廉姆斯(Loughlin & Williams,2007)的研究指出,正因为传统的"政府为主导"的强制式语言规划方式难以适应现实的需求,语言治理观才得以发展,其核心是构建一种"水平化"的语言规划模式,打破过去"垂直性"的语言规划层级。西方学者对语言治理规划的研究主要涉及对语言治理概念、原则等问题的理论思考,基于个案的语言治理方式研究等(Williams,2007;Vigers,2012;Walsh,2012)。

从国内现有成果来看,以往的语言规划研究中,学者多偏重宏观层次的国家语言规划活动,往往聚焦国家外语战略规划研究(张治国,2011;沈骑和曹新宇,2019)、国家安全语言战略规划研究(王建勤,2011;戴曼纯,2011)、国家外语能力规划或外语教育政策规划研究(赵蓉晖,2014;文秋芳,2019b)、华语规划研究（郭熙和王文豪，2018；刘华等，2018）等。学者对语言治理的相关研究尚处于起步阶段，其中涉及内容较多的首先是对语言治理概念、原则等问题的理论思考，比如语言与全球治理、语言与国家治理能力的关系、特殊领域的语言治理框架；其次是语言治理的国外理论与经验介绍；最后还有一些是从具体问题出发探讨治理对策与方式。

通过对上述文献的分析发现，现有成果中描述性研究居多，结合实际案例的分析偏少；结合中国语言生活事实讨论语言治理相关问题的研究也较少，有些研究虽提及具体语言问题的治理，但治理对策的提出多限于主观的设想，操作性程度较低。这在一定程度上影响我国语言治理研究的深入发展，也无法为我国宏观层面的语言规划提供实质性的决策参考。基于此，本节着重讨论以下几个问题：语言治理观提出的背景、语言治理观的理论基础和主要研究内容，以及语言治理观的实践范式。

一、语言治理观的产生背景

（一）国家发展新阶段的需要

中国共产党第十八届三中全会强调"全面深化改革的总目标是完善和发展中国特色社会主义制度，推进国家治理体系和治理能力现代化"[①]。《中共中央关于坚持和完善中国特色社会主义制度、推进国家治理体系和治理能力现代化若干重大问题的决定》中提出，社会治理是国家治理的重要方面。必须加强和创新社会治理，完善党委领导、政府负责、民主协商、社会协同、公众参与、法治保障、科技支撑的社会治理体系，建设人人有责、人人尽责、人人享有的社会治理共同体，确保人民安居乐业、社会安定有序，建设更高水平的平安中国。[②]

---

① 中共中央关于全面深化改革若干重大问题的决定. http://www.gov.cn/jrzg/2013-11/15/content_2528179.htm[2022-05-13].

② 中共中央关于坚持和完善中国特色社会主义制度、推进国家治理体系和治理能力现代化若干重大问题的决定. http://www.gov.cn/xinwen/2019-11/05/content_5449023.htm[2022-05-14].

语言是人类用于交际和思维的最为重要的符号系统，是文化最为重要的组成部分，亦是文化最为重要的承载者、阐释者和建构者，在国家治理中起着至关重要的作用，它可以把政府的治国理念和方针进行详尽的阐释。

在国家发展新阶段和新思路的影响下，新型语言规划观——语言治理观逐渐引起人们的关注。语言治理体系是国家治理体系的重要组成部分，语言治理体系的完善，关系着不同文明之间的对话与理解（Warner，1990），也关系着国家治理水平的提升。一方面，语言环境是社会环境的一部分，语言环境建设是社会文明建设的主要组成部分；另一方面，语言服务是社会发展的重要资源，优化语言服务可以促进社会经济发展。

（二）语言生活现实的需要

语言治理观的兴起是我国城镇化进程发展到一定时期的特定产物，是社会语言生活发展的需要。

城市化中频繁的社会流动，导致来自各个地区的居民混合居住在一定空间，并产生交集；社会居民构成改变带来语言生活的变化。根据学者们多年来的调查与研究，当下语言生活主要特征可以概括为：①多语码化。普通话、方言、少数民族语言或其他语言变体混杂成为常态，同质单语码的语言生活被复杂异质多元的语言生活所代替。城市化率越高的城市，其语言多语码化趋势越明显。②语言功能、语言使用空间的分化。比如，普通话成为公共场所的主导语言，方言或其他语言变体成为家庭语言。③社区和居民语言需求等出现分化。比如，在多语码化的背景下，各类新型的语言变体也逐步出现。普通话层面的变体有标准普通话、地方特色普通话、杂糅普通话和新混合语；方言层面的变体有地道方言、普通地方话、杂糅地方话和新方言等变体等。这些变体的出现是社区和居民语言需求分化的结果，每一种变体都对应不同社区和不同群体的语言需求（王玲和刘艳秋，2014）。

语言生活的这些变化，带来许多语言应用方面的问题，如何解决和满足居民的多元化需求，如何确保多样变体和谐并存，成为需要研究和解决的现实问题。习近平总书记在中国共产党第十九次全国代表大会上的报告中指出"我国社会主要矛盾已经转化为人民日益增长的美好生活需要和不平衡不充分的发展之间的矛盾。"(习近平，2017)解决这一矛盾的途径就是逐步推进国家治理体系和治理能力现代化的建设。治理理论兴起的社会现实前提之一是社会需求呈现多元化特征，其追求的目标是建设和谐社会。语言治理观正符合当前语言生活现实的需求，其最终的治理目标是确保多元异质语言生活的和谐。

二、语言治理观的理论基础和研究内容

（一）语言治理观的理论基础

在"语言治理"的理解和使用方面，国内外学界存在差异。"语言治理"概念在国外主要用于宏观社会政治研究。西方学者理解的"语言治理"是指法律、教育等部门通过书籍、法规、考试等形式规定不同的人、群体或组织语言或语言形式的使用及其思想行为的过程。这一过程本质上是以语言为工具的治理，而不是关于语言本身的治理。郭龙生（2015）指出，语言治理是一种具体实施语言规划行为的途径、手段和方法，是关于语言本身的治理，更准确地说是指对语言生活中语言应用的治理。根据李宇明（2016）的界定，语言生活包括运用、学习和研究三个维度，具体内容是指运用、学习和研究语言文字、语言知识、语言技术的各种活动。

那么，语言治理观的理论基础是什么？在回答这一问题前，我们先来了解一下宏观语言规划观。宏观语言规划一般有一套系统化和全面化的原则，用以确保通过正确的执行而达成最终的目标。其理论基础是同质有序的语言观，在这一语言观下，语言生活是整齐划一无差异的。宏观语言规划的主要特征为：规范化，主要以制定适用于整个社会的标准或规定为主旨；统一性，以整体作为策略选择的基础；静态化，一段时间内避免修改和变化。学界对宏观语言规划的意义基本达成共识，即它有助于了解语言生活的整体状况，能够剖析语言使用的外部环境，有助于迎接未来的挑战并能提供未来明确的目标及方向。不过，宏观语言规划的实施必须和有效的执行结合在一起才能实现确定的目标。

语言实践显示，宏观语言规划付诸应用时，会不可避免地出现政策上的

整齐划一与多元化语言生活状况冲突的局面。从城市地铁站名标志的翻译可以看出，国家关于公共场所站名标志的语言文字政策有两类：第一类是在政府性文件中对全国语言文字使用的指导思想和基本原则，第二类是政府出台的全国语言文字使用的实施规则。这两方面综合起来就是国家层面的宏观语言规划和政策。但在实施的过程中，各地差异明显。南京、天津等城市对"××路"的翻译使用拼音，如南京的"学则路"（XUEZE LU）、天津的"二纬路"（ERWEI LU）；可上海的"××路""××大道"等均进行了意译，如"衡山路"译为Hengshan Road，"远东大道"译为Yuandong Avenue。再如，城市地铁中含"客运站""湖"或方位词这三类通名的站名标志翻译问题。根据《中国地名汉语拼音字母拼写规则（汉语地名部分）》，专名为单音节词构成的地名，如"瑶湖"，应翻译成Yaohu Lake；专名为双音节词构成的地名，如"升仙湖"，应翻译成Shengxian Lake。在《公共服务领域英文译写规范（第1部分：通则）》也有相关规定：专名是单音节时，其通名部分可视作专名的一部分，先与专名一起用汉语拼音拼写，然后用英文重复翻译。例如，豫园翻译为Yuyuan Garden。

实施过程中（表6.1），南昌的地铁单、双音节站名均翻译成"-hu Lake"；成都等城市的地铁站均用Lake翻译以"湖"为结尾的站名（单音节站名先加上-hu）；南京以"湖"为结尾的地铁站都用"-hu"翻译，深圳的做法则不够统一，使用-hu翻译单音节站名，使用Lake翻译双音节站名。统一的宏观规划在实际实施中出现差异。

表6.1 含"湖（+方位词）"站名语言文字使用情况

城市	中文站名	转写或翻译
成都	升仙湖	Shengxian Lake
	麓湖	Luhu Lake
深圳	西丽湖	Xili Lake
	永湖	Yonghu
南京	九龙湖	Jiulonghu
南昌	孔目湖	Kongmuhu Lake
	瑶湖西	Yaohu Lake West

与宏观语言规划观不同，语言治理观的理论基础是异质有序的语言观。在这种语言观下，语言生活是差异变化的。因此，语言治理观就具有以下特征：①特殊性，结合社区和居民现实需求的差异，实行微观化、本地化的对策，确保将宏观语言规划的目标落实到位，确保将事情做对；②差异性，以差异多样作为策略选择的基础，增强针对性；③动态化，随着语言生活的变化，结合语言应用的需求及时调整和完善。与传统意义上的"管理"相比，"治理"强调多元主体管理，民主、参与式、互动式管理，而不是单一主体管理或大一统、命令式的管理。也因此，语言治理理念与宏观语言规划最大的差异在于，它强调自下而上的治理模式，强调多元主体参与。张日培（2015）认为语言治理的主体可以是政府，也可以是各类社会机构、民间组织，还可以是语言使用者、语言生活参与者的公民个体。

"自下而上"语言治理观的目标是净化语言环境，促进语言生活和谐发展，优化语言服务社会发展的能力，确保宏观语言规划符合基层社区、居民的需求，能够与社会的发展、城市的建设协调统一，和谐共处。正因此，语言治理规划才能聚焦语言应用中出现的问题。这一转向使"自下而上"的语言治理与"自上而下"的语言规划形成互动互补关系，如图 6.1 所示。

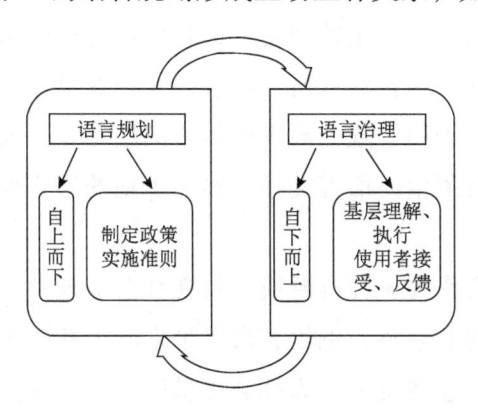

图 6.1　语言规划观与语言治理观的关系

宏观语言规划的重点是制定相关政策及实施准则，而语言治理观偏重社区基层和语言使用者对宏观规划的理解、接受状况；关注在实施过程中的问题，并及时将问题加以反馈，宏观规划根据反馈进行调整。调整完善后的宏观规划再进一步推进"自下而上"的语言治理。两者不断循环互动，构建基层社区和谐的语言生活，提升城市语言生活的文明状况。

表 6.2 概括了语言规划与语言治理理论基础及特征方面的各种差异。

表 6.2　语言规划与语言治理理论基础及特征比较

理论视角	语言观	语言生活现实	基本特征
语言规划	同质有序观	整齐划一	规范化 统一性 静态化
语言治理	异质有序观	差异变化	特殊性 差异性 动态化

（二）语言治理观的研究内容

语言治理观以问题为导向，侧重研究两个方面的语言问题。

一方面是语言作为一种社会现象在使用过程中产生的问题。相关问题主要涉及新时代我国语言生活不同层面在语言应用中出现的各类语言不文明或失范问题。管理部门层面语言治理的具体内容包括：政府部门号令、宣传用语等应用于社会现实环境产生的问题；语言污染与社区居民接受过程中产生的问题等。企业层面的语言治理研究内容涉及企业语言文明环境营造和推广中存在的问题、企业语用实践中出现的语言问题等。个人层面的语言治理研究包括当代中国城市陌生人语言交往实践中出现的语言理解、语言礼貌、语言认同等问题。

另一方面是语言作为一种资源或工具在社会治理中出现的问题。城市化进程带来语言方面的新常态，也给新市民带来融入新社区的语言挑战，主要包括语言在促进社会经济发展、为社会提供服务、传播中华文化、构建国家认同和民族关系等过程中出现的一系列问题或冲突。语言的资源或工具属性决定了语言治理建设在社会治理和国家治理体系和治理能力现代化过程中的重要地位。已有的语言学研究和语言规划研究为我们提供了一些参考，但还需要进一步探究理论性解释，许多研究结果和语言治理建设的实践存在相互矛盾的情况。研究内容可以包括政务工作语言治理建设、语言立法和执法中的语言运用问题、语言经济、语言扶贫中的语言问题等。

三、语言治理观的实践范式

"自下而上"的语言治理观，其实践范式是由其自身的目标和特征决定的。语言治理的目标是促进语言生活和谐发展，提升语言服务社会发展的能力。如前所述，语言治理最大的特点是强调多元主体参与的理念。如何最大限度地将家庭、学校、社区、企业等多元主体纳入到研究范畴内？结合中国的社会现实，我们认为，"自下而上"语言治理的原则应该是"立足事实，基层参与"，这样能较好地实现和维护宏观语言规划的目标，能有效解决语言生活中语言应用问题。"立足事实，基层参与"的原则内涵是指在语言治理研究和建设的过程中，要从事实出发，调查和搜集社会基层各个层面语言使用者的语言使用状况和存在问题。这是从更深层次上对我国语言治理规划观的具体化和现实化。在这一原则指导下，语言治理观的实践范式如图6.2所示。

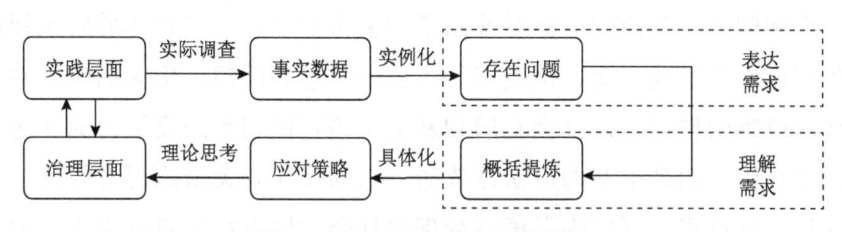

图 6.2 语言治理观的实践范式

第一，实践层面。这一层面主要保证规划方式从以硬性规定为主导转向以事实数据为主导。首先，立足事实。具体来说，就是深入语言生活，对社会基层各个层级以及居民个体的语言应用，进行实地调查，搜集事实数据，掌握语言生活中的变异和分化的状况，分析语言生活各个层级中的语言问题。在这个层面需要依托城市语言调查的理论和方法，定量和定性相结合。田野调查最好采用多种方法相结合的方式来确保事实数据的准确性和有效性。比如多种抽样方法（随机抽样、配额抽样、偶遇抽样）和多种社会语言学调查法（隐蔽观察法、录音访谈法、问卷调查法、叙事转向法、自然实验法）结合等方式。其次，基层参与。这一原则要求实地调查的对象要多元化，要将地方管理部门、企事业单位、不同社区以及社区中的语言使用者等最大限度地纳入调查范围。社会基层以及基层中的个体，既是语言生活中的语言使用者，也是语言治理对策和方法的反馈者。结合具体的语言应用现象，选择有针对性的基层单位、社区或语言使用群体，对典型案例具体分析，从各个层面的反馈中发现存在的问题。"立足事实、基层参与"原则下搜集的数据来自实际的语言生活、来自生活中的语言使用者，这样发现的问题真实可靠，能确保制定的语言治理方案更具针对性，治理的效果和质量会更有保证。

第二，治理层面。这一层面主要是根据事实数据对涉及的语言问题，分层次、分类别、分区域探讨语言治理的举措和方法。在制定相应的治理对策时，强调具体化、针对性，不能泛化处理，否则对策的执行效率会大幅度降低。在这一层面可以将"自上而下"宏观语言规划、不同层面的语言问题、语言使用者的实际需求和"自下而上"的语言治理策略结合起来研究，深入掌握语言问题存在的社会影响因素。

语言治理的实践层面和治理层面是密不可分的整体。从实践层面获取的事实数据和问题，是治理层面对策制定的参考和依据。当具体的对策提出之后，仍要返回到实践层面，接受多元主体的检验和反馈，确保制定的对策发挥指导或改善的作用。以社会基层和基层中语言使用者的反馈行为作为重要依据，进行语言治理策略的适切性改造，从而确保相关措施更有效地实施。这种循环互动过程，可以确保语言治理在社会、城市社区获得最大的发展空间和规模效应。

我们不妨以城市地铁命名为例来解读语言治理的实践范式。关于地铁站命名，宏观层面的语言政策包括：地铁站名称属于地名范畴，执行过程遵守地名的相关规定。具体政策法规有《关于在全国城市设置标准地名标识的通知》《地名标志标识标牌》《道路交通标志和标线》等。一般而言，命名地铁站名主要采用三种方式：一是以车站所在的大区域或片区的名字来命名，如"新街口站""小龙湾站"；二是以车站周边相对稳定的标志性公共建筑物或设施来命名，如"玄武门站""奥体中心站"；三是以与线路行进方向垂直相交的道路名称来命名，如"集庆门大街站""经天路站"。具体实施状况如何呢？

例（1） 2015年9月，在郑州地铁1号线二期工程车站的拟命名方案中，位于长椿路与莲花街交叉口的地铁站出现了两个名称，分别是"丁楼站"和"河南工业大学站"。这一问题激起了学校师生和当地村民之间的矛盾。村民们坚决要求命名为"丁楼站"，可学校师生认为应该以高校名称命名，这样可以提高当地高校教育资源的知名度。

例（2） 2018年7月，天津地铁1号线"果酒厂站""西横堤站"正式更名为"佳园里站""瑞景新苑站"。

例（3） 2015年开始，南京地铁站名中出现"明发广场站""时光澹韵·安德门站"等以楼盘命名的站名。

上述3个案例中，宏观语言政策在社区基层的执行出现差异。

实际调查发现，3个案例都是结合社区和居民的需求而做出的治理调整。例（1）中，郑州地方主管部门没有武断行事，而是通过网络社交平台，发起了一场为地铁站选站名的网络投票。2016年4月1日，郑州市民政局区划地名处根据媒体投票和热线电话统计结果，最终把该地铁站定名为"河南工业大学站"。例（2）中，在2006年天津1号线开通时，"果酒厂站"和"西横堤站"两站仅剩下象征性建筑，站名与实际位置相距甚远，站名的信息提示功能大大减弱。而"佳园里"和"瑞景新苑"这两个新楼盘却发展迅速，两处都是居民人口达上万人的知名居住片区，知名度远远高于"果酒厂"和"西横堤"。在综合考虑并且征集了广大市民意见之后，相关部门将地铁站更名。例（3）中，2012年，南京地铁3号线在明发广场设置了出入口，南京地铁集团向南京市地方管理部门请示将站名命名为"明发商业广场站"。通过网络平台等媒介，市民们表达了不满和反对，认为此站名商业气息浓郁，且有为明发集团做广告之嫌。结合市民的意见，又考虑到支持宁南地区发展等因素，南京市地名主管部门综合考虑后将其中的"商业"二字去除，同意设置"明发广场站"。可市民仍然反对，于是，2012年9月，南京市地名主管部门将该站命名为"明城大道站"。两年之后，随着宁南地区的建设与发展，明发广场逐步发展成为宁南现代商贸区的知名地标性建筑。这一次，更名建议再次被提出，建议将该站名由"明城大道站"改为"明发广场站"。前期，南京市地名主管部门通过官方网站、网络平台向市民说明更名的原因，表明其一是为了支持雨花台区经济和社会发展，其二是为了提高站位指向准确性和社会辨识度等，并多方搜集市民意见和反馈。这一次更名获得多数市民的支持，2014年4月，市地名主管部门批复，将"明城大道站"更名为"明发广场站"。

以往，基层社区及普通市民基本上不会参与到地铁站命名的实践中，但上述3个案例显示情况发生了变化。地方管理部门在命名、更名时，理念转换，"立足事实，基层参与"的基本原则得以实现。由"自上而下"的硬性规定变为立足事实、采纳了民意的弹性协商。这样的变化在不同城市都有体现。自2000年开始，许多城市地名管理办公室在地铁站等命名时，除了遵守宏观的管理规定之外，还开始关注和采纳社区、个体使用者的意见。早期，大多采用"政府起名，市民反馈"的方法搜集意见，后来被更加民主的方法"征集站名"所替代。例如，2010年南昌地铁1号线一期工程涉及的24个站点征集站名；2014年杭州地铁4号线英文站名由该市地铁集团向社会发起征名活动，再由专家团队讨论定名；2017年合肥市轨道交通集团发起3、4、5号线站名征集活动。

可见，在具体实施过程中，实践层面和治理层面密不可分。实践层面是多元主体表达语言需求的过程，治理层面是理解需求、制定对策的阶段，这两个层面良好互动，才能实现高质量的语言治理。

总体来看，语言治理观的提出具有必要的理论基础和深刻的时代背景。宏观的语言规划观是由政府管理部门层面确定规划目标和规划内容，"自上而下"地推广实施。这种规划观不利于了解实际存在的问题、各地的差异等内容。"自下而上"的语言治理规划观，通过了解社会民众的需求，与语言使用者共同制定治理对策、治理方案。通过"自下而上"的规划方式，语言管理各部门解决语言问题的能力和创新能力等都能得到更好地完善或强化，治理的效果和质量也得到加强和提高。

不过，语言治理观作为语言规划研究的新发展，在实践调查和理论探索方面仍有很多工作需要开展，比如语言治理理论体系、新型语言治理智库建设等。语言治理观的发展，既需要事实数据的支撑，也需要多学科的交叉融合。总之，只有在理论与实践两方面都得到深入发展时，语言治理规划才能够更好地服务宏观语言规划、服务当前语言生活的需求。

第二节 国内外语言不文明治理之比较

纵观古今中外，语言的高度繁荣与文明往往意味着一个国家或民族的高度繁盛与辉煌，如古代中国的先秦百家、唐诗宋词，以及拉丁语国家自文艺复兴以来诗词小说的空前繁荣，今观英语在全球范围内的广泛使用，"一带一路"国家的汉语热等，都深刻诠释了这一点。如今，国内外诸多国家都意识到构建"语言文明"的重要性。基于这样的考虑，本节通过梳理国内外城市语言不文明的治理对策，探析国内外语言不文明治理模式背后的行动逻辑，并关注如何结合国外的模式和中国古典文化中的智慧来破解语言不文明治理中的重重障碍，为实现语言文明、社会和谐提供借鉴。

一、国外语言不文明治理模式

综合来看，国外语言不文明治理的模式以法治为主。具体的治理措施可以分为两种不同的类型：一种是基于经济处罚的治理对策，一种是基于定罪入刑的治理对策。为了更为清晰地说明国外语言不文明治理措施，本部分将结合具体的案例展开分析。

第一，基于经济处罚的治理对策。国外的不少国家会针对语言不文明现象进行经济处罚，从而规范语言行为，这些国家多集中在欧洲地区。比如，在德国，说脏话或者使用侮辱性的手势会被处以 250～4000 欧元的罚款[1]。在英格兰曼彻斯特郡，如果有人使用"不当或辱骂性语言"，将当场被执法人员提醒、带走甚至罚款（李耀，2017）。在新加坡辱骂医护人员要被罚款 5000 新币（参见《骚扰防制法》，Protection from Harassment Act，2014），尽管新加坡不属于欧洲国家，但从历史而言其受到英国文化影响颇深，因而语言不文明治理措施与欧洲国家有些许相似之处。

---

[1] http://m.haiwainet.cn/middle/457013/2015/0624/content_28863014_1.html[2022-04-20].

第二，基于定罪入刑的治理对策。除了使用经济处罚之外，不少国家还会将语言不文明现象定罪入刑，这些国家以美洲国家居多。比如，美国新泽西州拉瑞顿镇议会通过一项法律，规定当地居民不能使用"咆哮、粗鲁、鄙俗、亵渎、下流、不礼貌"的言辞骂人。一经发现有人违反这一法规，将被罚款 500 美元或者监禁 90 天（白晨曦，2006）。该镇还计划立法禁止街头流浪、大声放音乐等行为。巴西卡斯卡维尔市禁止该市的公务员散布流言。凡是参与制造谣言和散布流言的国家公务员，都将面临通报批评、接受职业教育甚至停止执行公职的处罚（佚名，2006）。除此之外，在澳大利亚，如果在公众场所说脏话，将面临最高 6 个月的刑期，或最高 21 720 澳元的罚款（参见《轻微罪行法》，Summary Offences Act，1988）。

二、国内语言不文明治理模式

国内语言不文明治理与国外有共同之处，但也有很大的不同。除了制定相应的语言文明建设的法律法规之外，国内更为注重以人为本，发挥文化的积极作用，通过自下而上和自上而下的双向模式实现语言文明建设。2021 年全国文明城市创建工作培训班举办。为了发挥全国文明城市先进典型的示范表率作用，引领全国各地推进文明城市创建高质量发展，《人民日报》特摘编了广东省深圳市、湖北省武汉市、浙江省台州市等在培训班上的交流发言材料。通过这些材料，本书总结出国内语言不文明治理的三种不同模式。

第一，深圳模式：崇德向善、文化厚重。以深圳市为代表的城市尝试将中国的优秀文化融入语言文明建设过程之中，实现对不文明现象的有效治理。比如，深圳市致力于推进文化强市建设，增强文化软实力，培育城市人文精神，倡导深圳"十大观念"，提炼形成新时代深圳精神。宁波市则大力倡导镇镇有新时代文明实践所、村村有文化礼堂的文化强基工程。

第二，武汉模式：红色基因蕴含文明气质。以武汉市为代表的一批城市致力于挖掘红色基因，尝试将红色基因融入语言文明建设，实现对公民语言行为的积极引导。比如，武汉市坚持以社会主义核心价值观为引领，加强公民道德建设,深化榜样示范带动,选树各类先进模范,形成见贤思齐、向上向善的社会风尚。长沙市则大力挖掘红色元素,倡导雷锋精神,以"文明礼让"激发全城"文明共鸣"。

第三,台州模式:以人为本,文明共享。以台州市为代表的一批城市坚持以创城引领民生工作,提升群众幸福感和满意度。比如,台州市坚持把"人民城市人民建、人民城市为人民"贯穿文明创建始终,努力"从幸福出发、让文明落脚",推动物质和精神"齐富",全力打造幸福之城。江西省萍乡市持续开展道德模范和10类"最美"人物选树活动,依托新时代文明实践中心(所、站)持续开展"我们的节日"主题活动,不断引导人们争做文明风尚的培育者、美好生活的创造者。

三、国内外语言不文明治理模式比较

从国内外语言不文明治理的相关对策可以看出,国外针对语言不文明现象倾向于使用法治措施,通过经济处罚或者定罪入刑的方式实现对语言不文明现象的矫正。与之相反,国内的语言不文明治理除了法治措施之外,体现出更强的人文关怀。国内倾向于通过文化和红色基因的融入实现对公众语言文明行为的积极引导。通过以人为本的方式,实现全民共建的文明和谐城市。国内的相关措施和经验也说明,我国在制定和落实语言规范方面已经取得巨大成果,并开始转向全方位的语言生活管理(徐大明,2020)。若要进行全方位的语言文明建设,就需要根据国内的实情,融合中国优秀的传统文化,借鉴国外的相关理论,拟定语言不文明的治理对策。

城市语言不文明治理中非常值得借鉴的是卡普兰等提出的三维语言治理,即宏观、中观、微观三个层面的语言治理。具体而言,我国的城市语言不文明治理可以从宏观的管理部门层面,中观的企业层面和微观的个人层面三个方面展开。其中,管理部门层面的语言治理体现为对语言文字体系、言语交际秩序和言语环境的完善;企业层面的语言治理体现为对语言管理和语言服务的约束;个人层面的语言治理体现为对良好的人际交流的倡导。这三个层面的语言文明治理相互联系又相互独立。一方面,管理部门层面的语言治理是企业和个人层面语言使用的基础与保障；另一方面，企业层面与个人层面的语言治理又会反作用于管理部门层面，帮助建构良性的语言环境。本章后续内容将讨论如何从管理部门层面、企业层面和个人层面探讨城市语言不文明的治理对策。

第三节 管理部门层面的语言不文明治理

《周易》有云:"说而巽,孚乃化邦也。"(林之满,2007)中国古老的哲学思想说明,城市语言不文明治理离不开管理者的顶层设计,因为合理的顶层设计往往能够推进城市语言文明建设有的放矢、走深走实。当然,在不文明语言的治理过程中,管理者既发挥治理者的功能,又需要不断接受监督,如此才能构建合理的语言生态。具体而言,管理者一方面需要制定相关的法律法规,从而对企业、个人层面存在的语言不文明现象进行约束;另一方面也应该成为被治理的对象,接受自下而上的监督。根据这一思路,本部分将具体讨论如何实现管理部门层面的不文明语言治理。

一、强化管理部门层面语言不文明的双向法治

城市语言文明规范的养成离不开外在的约束,而其中最为重要的是采用立法的方式对城市语言不文明行为进行约束。目前我国在该领域的立法已经取得了显著的进步。早在1996年,中国共产党第十四届六中全会就做出了《关于加强社会主义精神文明建设若干重要问题的决议》(简称《决议》),其中明确规定在加强物质文明建设的基础上要强化精神文明建设,推进社会主义现代化进程。在《决议》精神的指导下,立法机关和政府部门先后出台多部法律法规约束语言不文明现象,旨在建立完善的语言文字体系、言语交际秩序,这恰是说明了立法对于语言文明建设的积极作用。在后续的语言不文明治理过程中,应当继续强化法治,实现法律法规对语言行为的约束作用,具体包括:

第一,国家层面的法治建设。1981年2月,全国总工会、共青团中央、全国妇联等联合向全国人民特别是青少年发出倡议,开展以"讲文明、讲礼貌、讲卫生、讲秩序、讲道德"和"心灵美、语言美、行为美、环境美"为

内容的"五讲四美"文明礼貌活动。全国文明城市创建活动中，国家也积极倡导"片言只语彰显文明""说文明话，办文明事，做文明人，创文明城"（刘蓉萍，2020）。近年来，国家不断通过立法的方式尝试推广良好生活习惯，通过"入法"的方式革除不文明语言行为（龙涧，2020）。国家的相关立法取得了显著的成就，在语言文字生活领域创造出一系列先进成果，促进了语言生活的进步（陈汝东，1996；徐大明，2020）。国家层面的法律法规需要进一步推行，从而深化公众对于语言文明规范的认识，避免不文明现象的出现。

第二，地方层面的法治建设。除了国家层面的相关立法和规定外，各地市也相继出台相关规定，对不文明的语言现象展开治理。比如，2017年，浙江省宁波市出台《宁波市文明行为促进条例》，要求市民遵守公共礼仪，不使用侮辱性语言。2019年安徽省淮北市出台《淮北市文明行为促进条例》，给包含语言不文明现象在内的诸多不文明行为戴上了"紧箍咒"（文梓，2019）。广东省深圳市将打造"城市文明"典范确定为建设中国特色社会主义先行示范区五大战略定位之一，并于2019年出台《深圳经济特区文明行为条例》，明确要求市民使用文明用语，遵守文明规范。此外，四川省成都市还采取了一系列文明城市创建动态管理措施，如增添公共文化项目，开设实体书店、博物馆等，极大推进了语言文明建设。这些地方性法规的设定为其他地区的语言不文明治理提供了借鉴，可以效仿其运行模式，深化语言文明建设的法规制定和执行。

国家和地方语言治理的法律法规反映了历史潮流中国家民族的语言文明形成、继承与发展轨迹（陈汝东，1996）。需要注意的是，在国家和地方政府构建语言文明规范的同时，还需要强化对管理者自身语言不文明现象的法治治理。一方面，各级政府需要在既有各种规范的基础上，进一步通过法律、政策保证事关公众利益的信息能够及时公开、透明地发布（杨保军，2020）；另一方面，管理者的语言使用要符合语言文字使用方面的法律、规范、标准等，不得涉及语言欺诈、语言腐败、语言暴力、语言恐吓、语言淫秽等（刘长青，2007；马春红，2007；夏才源，2011）。管理者更应该有法治的意识，时时刻刻以法律法规约束自己。在语言文明建设中应强调加强法治观念，亦即在运用语言时要注意运用"合法"的语言（沈锡伦，1996）。管理者一旦违背相关的法律条文,则应效仿巴西等国家的做法,对其进行通报批评、接受职业教育甚至停止执行公职的处罚。

二、强化管理部门层面语言文明的民主监督

管理部门层面的语言不文明治理一方面要推进法治化进程,另一方面要强化对自身语言不文明现象的民主监督,从而积极应对负面语言舆情的出现(于东兴,2020)。中国当下的地方治理始终面临着两个基本性的问题:一是如何对管理者进行有效的监控治理;二是如何对地方政府及相关部门的行为加以有效的制约。但是行政性自上而下的监控体系始终有着较大的盲区,这也导致管理者的语言不文明现象难以治理(翟学伟,2017)。就传统的政治及社会结构而言,必须首先认识到一种自上而下行政主导的基本形态,有学者称之为"压力型体制"(邢成举,2016)。

在这种体制下,治理管理者不文明语言现象主要采用社会贤达监督的模式。具体而言,在当代中国,各级人大代表、政协委员、民主党派成员某种程度上是下情上传的重要民意渠道,可能对各级管理者的语言治理产生重要影响。然而,这种方式始终局限于社会贤达层次的意见表达。比如,全国政协委员许进建议取消英语在中小学的主科地位,全国人大代表杨善竑建议公务员面试评分增加普通话分值,全国政协委员徐丽桥建议减少汉语滥加字母词和"汉夹英"词组现象。在这样的背景下,就需要发挥社会贤达的积极引导作用,以其文明的语言表率实现对公众的积极引导,促进社会的进步。

除了社会贤达监督,构建管理部门层面语言文明规范还离不开机构层面语言文明监管。具体而言,可以依靠媒体等对文明语言的认知、掌握以及行业规范等来监督管理者遵守语言文明规范。比如,2009年,重庆市九龙坡区给30家企业和单位颁发监督牌,授权它们监督政府的行为(中国政务景气监测中心,2009)。企业的监督将有利于弥补社会贤达监督模式的不足,促进管理部门语言文明规范的实现。此外,群众对政府语言文明监督也发挥着至关重要的作用。群众是一种最普遍、最直接、最有效的监督主体,只有人民群众监督政府,政府才不会懈怠,政府工作人员才不会滥用手中的权力(王凯

伟和毛星芝，2010）。因此，对管理部门语言文明的监督需要完善信访、举报、申诉和控告体系，并充分利用好网络问政、新媒体政务平台等多种途径实现群众对政府部门语言行为的监督。此外，媒体是文化的传播者，更是代言人（张薇等，2015），因此应当履行其对政府部门的监督作用。如若发现管理者存在语言不文明行为，则应该通过舆论渠道对其进行曝光，从而实现对管理者言语行为的反馈。

第四节 企业层面的语言不文明治理

这里所说的"企业"主要包含的是企业单位。企业层面，语言文明是企业重要的社会责任，也是企业文化建设的重要内容。具体而言，企业层面的语言不文明治理需要关注两个方面：一是当代企业语言文明环境的营造策略和推广模式；二是当代企业在商业广告中的语用实践，重点考察企业广告的语用不文明现象（涉及语言失范、诚信失范、道德失范、审美失范、语言暴力、违背法律等方面），全面分析社会大众对当下企业广告的满意度，分类剖析企业广告语用不文明现象出现的内外部机制，以及所产生的不良社会影响，从政府、企业和广告设计者三个层面研究如何建立科学有效的破解机制和制定切实可行的实施方案，同时也为政府制定新时代城市语用文明建设的整体规划提供参考。

一、加强政府主导的企业不文明话语监管

监督并确保企业发布信息话语的真实性。企业语言文明环境的建立首先需要政府积极引导，保证企业推广的信息真实和规范。格赖斯（Grice，1975）会话合作原则包括质准则，即讲真话、不讲没有根据的话。讲真话是企业是否具有诚信的判断标准。一个企业如果发布虚假广告或欺诈性广告，会失去消费者的信赖。企业层面向社会公众传递公共信息的语言使用必须要真实、简洁、明了、达意，不使用生僻字词、不生造晦涩表达，符合广大公众的认知水平，易于其理解，使用晦涩难懂、故作玄乎、偏僻深奥的语言不利于公共信息的传播与接受。企业所传递的信息要让公众在最短时间内捕捉到关键信息，并保证信息的准确性和透明性。

规范企业发布信息话语的文明程度。目前来看，社会生活中还存在不少不良社会用语，主要包括含有淫秽、暴力、恐怖、粗俗等内容的低俗广告、

店铺名、物品名、标语和公示语等（Chen，2020）。这些高度突显的低俗内容往往会引发受众的负面情感，使得社会用语不能取得良好的语用效果。为了进一步推动精神文明建设，强化社会用语的文明取向，全体社会成员须共同努力，采取各种有效措施来规范不良社会用语，弘扬社会用语文明。针对这些状况，各级教育机构、精神文明工作指导委员会和语言文字工作委员会需要积极引导，必要时采取行政和法律的手段规范媒体的话语活动，或举办规范使用语言文字的讲座、规范用语大赛等（张建强和谢倩文，2020），共同创造一个和谐且有利于文化传承的语言传播环境。

此外，网络空间中企业的不文明话语也需要政府部门积极引导。加强企业语言文明与语用规范引导必须参照语言文明规范（甚至法律法规）才能更有执行力。自媒体平台应该支持国家语言文字规范工作，可以研发识别不规范用语的程序，加大文章语言文字规范方面的审核力度，力求在文章发布前就指出错误，待文章内容修改至符合语用规范后再发布（张建强和谢倩文，2020）。要健全行业法规、完善规范标准；强化监管机制，推动媒体自律；提升从业人员素质，强化语用规范意识；加强语言服务，探索多样化渠道（张荻，2020）。互联网平台要尽好管理职责，加强对不良信息的管控，进一步规范网络亚文化，清理整治网络暴力，打造健康的网络舆论场，营造清朗的网络空间（戴先任，2020）。

二、强化社会参与的企业不文明话语约束

对企业的语言文明治理还需要基于现有的社会习惯和规范，建立社会参与的不文明话语约束机制。实际上，企业的语言文明程度是中华文明的一种直接体现。在经济高速发展的今天，国内企业似乎更多融合了儒家进取文化（比如华为的"土狼文化"），但是对于礼文化却有意忽略。国内企业在自身发展过程中似乎更强调"能人所不能，忍人所不忍"，但是没有意识到天法自然的重要性。在这种文化属性的驱使下，企业忽视了企业文化建设过程中的语言文明建设。很多公司为了提升企业知名度甚至采取谐音、暗示等方式进行广告宣传，导致企业的自我污名化。

在这样的背景下，进行语言文明规范刻不容缓。企业等可以采取一定的措施来进行语言文明的建设。比如，商标命名是企业语言文明程度的直接反映，企业在进行商标命名的过程中要注意语言文明，避免使用错字、别字、带有歧视性质的词汇等（张娣，2007），实现品牌命名对社会习惯和规范的顺应（侯瑞芬，2020）。在公共交通工具上，应张贴相关语言文明规范，防止出现语言不文明行为。在公交车运行过程中，司机或公交企业监管人员加大对不文明乘车行为的劝导力度，对屡教不改者予以必要的惩罚和曝光，以刚性约束倒逼文明习惯养成（文梓，2021）。此外，还可以将以文明为主题的画面和文字张贴进地铁车厢，这样不仅可以美化车厢环境，还可以传播文明理念和当地文化，引导文明行为，提高乘客的文明素质和城市的文明形象（文昊，2019）。

此外，各类服务类企业（在现实与网络空间中）提供温馨、周到、热情、专业的语言服务是温馨城市打造的重要支撑。费孝通先生曾在其八十寿辰聚会上说过，"各美其美，美人之美，美美与共，天下大同"。在各个公共场合设置充分必要的语言提示、指示、警示，有助于营造便捷的城市生活；服务窗口的高效、礼貌的接待会让公众倍感温暖。比如，在医院或者其他公共场合可以张贴"烟火的火光，怎及你生命的绚烂"等标语，会让"烟民"更容易接受，而不是"禁止吸烟"这样生冷而没有人情味的标语。

第五节　个人层面的语言不文明治理

从个人层面讲，语言文明是个人在语言使用中所体现出来的良好文化与道德修养。个人层面的语言治理既需要考察城市生活中陌生人间的语言交际实践，也需要考察城市居民在虚拟世界中的语用实践。这些语用实践涉及网络用语的陌生化机制研究、网络用语的污名化机制研究、网络用语的暴力化机制研究等。要实现现实和虚拟两个世界中的个人语言文明，就需要同时推进法治和德治建设。

一、推动个人语言文明的法治建设

城市语言文明的判断标准是要看广大城市居民是否拥有良好的语言修养，并得体地使用语言。城市居民在公共场合应当避免"市骂"等不文明的语言，养成良好的语言习惯。同样，城市居民在公共场合应当避免大声喧哗，与管理人员、服务人员礼貌地交流、讲与本人身份相符的话。在网络空间中，网民应当得体地使用语言。"只有全民的言语行为完全遵守并维护了语言文字体系的规范性、健康性、纯洁性和有效性，同时在科学、合理的言语交际秩序轨道上运作，语言文明才具备了客观现实性。"（陈汝东，1996）要实现这样的目标，就需要依据法律建立良性的交际秩序。

这里所提及的交际秩序是指"社会生活中公众约定和建立的言语交际（或语言运用）的一系列规则、规定和政策法规以及整个社会的言语交际运行体制"（陈汝东，1996）。目前来看，我国已经通过制定法律法规的方式形成相关的语言规范与规定，从而打造良性的语言交际秩序。城市居民应当遵循这样的规范，讲普通话，使用规范、标准的汉语语法和文字，不在普通话中滥用方言、古语、繁体字等，尽量不混杂口语与书面语，尽量不在母语中夹杂外来语言文字。

此外，城市居民在公共场合的言行举止应当符合规定（如不大声喧哗），社会公众共同约定遵守的语言交际原则（如合作原则、礼貌原则），以及一些领域或行业中某些成文或不成文的语言使用规定（如旅游景点关于双语标识的使用规定）等。应从语言政策与语言规划层面摒弃构成脏话、黑话、隐语、歧视语言的语言成分，适当控制外来语的数量与使用范围。

除了现实世界中采用制定法律法规的方式规范语言文字交际秩序之外，网络空间中的语言不文明现象治理也刻不容缓。相关部门应当制定相关法律法规，对网络中的不文明现象加以约束。同时，还应该对网民，尤其是青少年网民加强语言文明教育，从根本上杜绝青少年语言暴力。

二、推动个人语言文明的德治建设

古今中外对个人层面的德治建设都非常重视。在现代语言文明建设过程中，引导公众摆脱语言粗鄙化现象的主要思路是"立足事实，以人为本"（王玲和陈新仁，2021）。个人层面语言粗鄙化的治理，需要依据事实影响，有针对性地引导或治理。社会知名人士应该倡议其提高语言意识，在公共空间杜绝或减少使用粗鄙语言。

德治最重要的是通过教育的方式进行。按照《国家中长期语言文字事业改革和发展规划纲要（2012—2020年）》，国家层面的语言文明建设离不开个体，不能单独存在。社会中个体间文明言语行为的互动形成了语言文明的雏形，并为其后续发展提供了重要的保障。因此，加强个体语言文明与语用规范教育可以看作构建国家层面语言文明规范的最终目标（陈汝东，1996）。可以通过教育的方式减少无意隐性不礼貌行为（高芳，2020）；或应强化语言文明教育，严厉清除社会上的非文明语言现象，强化使用文明语言（江南和杜文霞，1999）。学校是语言文明教育的重要阵地，"语言文明教育应该从娃娃抓起"（徐大明，2020），应从小培养人们的语言文明意识，知晓语言文明规范，形成良好的语言文明习惯，包括对语言不文明现象说"不"的习惯（杨荣华和宋楚婷，2021）。我们应当意识到，每一个个体都生活在不同的圈层之中，掌握和熟悉一个圈层的语言规范本身就是一种语言生活的必要训练，这是基础教育应当给予学生的（饶高琦，2021）。因此，应在规范使用国家通用语言文字的基础上，逐步建立和完善各个不同圈层的语言规范，建立面向不同对象、不同行业的语言标准。这需要社会大众建设性的、积极向善的探讨和参与，也需要语言文字管理部门更进一步的努力。

语言不文明行为的德治建设还需要结合中国本土思想文化，采取不同的形式进行。首先，可以将语言文明与职业道德、家庭美德和个人品德建设相结合，作为语言文明建设的重要指标加以考察（李现乐等，2020）。除此之外，各大媒体在发布文案、制作展板等过程中可以融入中国的"礼义廉耻"等古典思想，倡导礼貌、得体地使用语言；还可以策划与语言纠错相关的节目，公开收集语料，让公众分析和改正，使人们在参与的过程中提高语用规范意识，避免再犯相同的错误（陈倩倩，2020）。

此外，网络空间的语言问题也要纳入语言文明建设的范畴。如今，不少网络语言已成为年轻人的常用语，其中有的生动活泼、富有创意，但是有的网络新词新语或内涵庸俗或带着戾气，部分网络新文体或无病呻吟或虚张声势，皆从网络流入日常生活（付海，2018）。抵制低俗用语，净化网络环境，需要全社会的共同参与。

在进行网络语言不文明治理过程中，最为有效的方式可以说是加强法治建设。但是，我们也应当意识到，网络语言暴力等不文明现象涉及多重因素，道德秩序不规范是决定性相关因素，若不加以管控，长此以往，势必产生道德滑坡，严重危害社会公共秩序（耿雯雯和谢朝群，2020）。为此，可设立奖惩制度，如对语言作风好的微博、直播等加分，对有暴力言论的微博、直播等减分，最终评比分数较低的将受到服务商的惩罚。在微博、直播等新媒体申请账号时，应签订"文明协议书"，协议书规定不能发表暴力性言论，不能造谣生事，不能侵犯他人隐私，随意诬陷辱骂他人等（王炎龙和刘丽娟，2008）。

除了上述措施之外，还可以进行自上而下的德治引导。比如，为全面加强新时代语言文字工作，国务院办公厅印发《关于全面加强新时代语言文字工作的意见》，提出"坚决遏阻庸俗暴戾网络语言传播，建设健康文明的网络语言环境"（史志鹏，2021）。2019年，国家互联网信息办公室公布的《网络信息内容生态治理规定》中提到，网络信息内容生产者应当采取措施，防范和抵制制作、复制、发布含有下列内容的不良信息：使用夸张标题，内容与标题严重不符的；炒作绯闻、丑闻、劣迹等的；不当评述自然灾害、重大事故等灾难的；带有性暗示、性挑逗等易使人产生性联想的；展现血腥、惊悚、残忍等致人身心不适的；煽动人群歧视、地域歧视等的；宣扬低俗、庸俗、媚俗内容的；可能引发未成年人模仿不安全行为和违反社会公德行为、诱导未成年人不良嗜好等的；其他对网络生态造成不良影响的内容。[①]作为个体，需要在这些规定的引导下，自觉遵守相应的网络语言文明规约，约束自己的行为，避免语言暴力等不文明现象的出现。

---

① http://www.cac.gov.cn/2019-12/20/c_1578375159509309.htm[2022-09-08].

第六节

个案研究：语言粗鄙化现象的治理对策

近年来，社会中的语言粗鄙化现象引发关注。2018 年，教育部、国家语委发布的《中国语言生活状况报告（2017）》中公布了网易新闻、百度贴吧、爱奇艺等国内影响较大的 30 个网站低俗词语使用频次的统计报告。

笔者以"粗鄙""粗鄙化""语言粗鄙（化）""鄙鄙词语""低俗词语""低俗语言"等作为关键词，依托中国主要报纸电子数据库和中国知网全文数据库，搜索了 2001~2021 年相关的报道和文章（截止日期为 2021 年 6 月 30 日）。从纸媒来看，20 多年间，《光明日报》《人民日报》《南京日报》等主流媒体中与此话题相关的文章共 85 篇。可见，"语言粗鄙化"现象的确已经引发广泛关注。不仅媒体关注"语言粗鄙化"现象，学术界也在研究相关现象。

以"语言粗鄙（化）、粗鄙化、文化粗鄙化、网络语言、语言文明"等为关键词，从中国知网检索到相关论文 223 篇（截止日期为 2021 年 6 月 30 日）。有趣的是，与纸媒一样，学术期刊对此话题最热烈的讨论也是集中在 2014~2016 年。从关注的主要内容来看，研究话题涉及范围较广：较多的是批判文学作品包括影视作品中的粗鄙语言或文化粗鄙化问题（张筱荣和朱平，2015；郑根成，2013）；逐渐地，开始讨论语言粗鄙或文学、文化粗鄙的影响和危害（王炎龙和刘丽娟，2008），以及其与全民素质、社会文明的关系（常进锋，2016；刘士林，2011）；有学者讨论了语言粗鄙化的原因和动机；也有学者专门讨论网络低俗词与语言粗鄙化的关系，以及管理策略等内容（石琳，2017；王洋和管淑侠，2016）。

近年来，对于"语言粗鄙（化）"等问题的关注点开始从虚拟世界的网络语言转向现实世界。2016 年，上海政协官网发布《"言语粗鄙化"应当警惕》一文，指出网络低俗词语从网络空间进入现实世界，并影响到小说、报刊、电视和文艺娱乐节目等；另外现实生活中一些公众人物的话语也受到影响。该文章认为这些变化会导致国人行为粗鄙化和文化的退化。

一、研究问题和研究方法

研究的主要问题如下。

（1）语言粗鄙化的界定与识别。已有的讨论中，有的对语言粗鄙化未界定，只是认为使用了低俗的网络词语就是语言粗鄙化。但语言粗鄙化并不仅限于这些词语的使用，它有更为复杂的表达形式。有的讨论将语言粗鄙化视为文化粗鄙化的一部分，从社会道德层面进行界定，认为只要表达违背了社会道德规范、价值观低下的，就是语言粗鄙化。只有明确界定什么样的语言表达属于语言粗鄙化，才能很好地识别并合理有效地治理。

（2）对语言粗鄙化的生成机制讨论得较少或者不够深入。是不是任何层面的语言粗鄙化都需要管理或治理？如果不是，哪些层面的语言粗鄙化是治理的重点？要回答这些问题，就要弄清楚语言粗鄙化的发生根源。

（3）基于事实数据分析语言粗鄙化的负面影响和接受度的讨论较少。很多报道和论文基于个人的观察来讨论语言粗鄙化的影响或危害，或者凭借理论想象提出管理策略。现实中语言粗鄙化的负面影响是否存在差异？语言使用者感受到的语言粗鄙化对社会或个人的影响后果或危害是否存在程度差异？

（4）"自下而上"的治理思路讨论较少。语言粗鄙化影响到的是社会现实中的每一个语言使用者，对这一现象的治理或管制，最终也希望每一个语言使用者受益，能共同努力促进我国社会文明风气的改善。因此，基于事实调查的"自下而上"的治理思路才会更有效果。

本节研究的语料主要通过问卷调查法和访谈法相结合的方式获得。问卷调查法主要收集受访者年龄、性别、职业、文化程度等背景信息；访谈法主要用来收集受访者对标语的看法和态度。调查样本详细信息见表6.3。

表 6.3　调查样本信息表（N=270）

性别	男	130 人/48.15%
	女	140 人/51.85%
年龄	17~22 岁	51 人/18.89%
	23~27 岁	120 人/44.42%
	28~39 岁	38 人/14.07%
	40~49 岁	35 人/12.96%
	50 岁及以上	26 人/9.63%
文化程度	初中及以下	27 人/10.00%
	高中（中专）	29 人/10.74%
	本科（大专）	141 人/52.22%
	研究生及以上	73 人/27.04%
专业	人文社科	149 人/55.18%
	工科	34 人/12.59%
	理科	46 人/17.04%
	其他	41 人/15.19%
职业	学生	112 人/41.48%
	教师	28 人/10.37%
	商人	6 人/2.22%
	企事业人员	124 人/45.93%

　　问卷调查共收集有效问卷270份，有效访谈录音232份；年龄跨度为17~80岁，职业包括学生、教师、企事业单位工作的公司经理、公务员、医生、护士，以及商人等；文化程度涉及初中及以下至研究生及以上各阶段。首先，调查人员请受访者说明对下列四类标语口号的接受状况，然后请他们说出接受或者不接受某类口号的原因。

　　调查的标语口号有四类。第一类，是包含错字类标语口号，包括打印错误或错别字。一种是不太会引发负面联想的，比如"保护人民群众的什么财产安全"；另一种也是打印错误或错别字，但会引起负面联想，比如"文明没有旁观者，你我都是贱行人"。第二类，是包含性暗示等的标语口号，如"做爱的上海女人"。第三类,是语义逻辑不通类标语口号,比如"强奸不如嫖娼""抢劫不如去炒股"等。第四类,是内容和格调粗鄙类标语口号,比如"让全村怀上二胎,是村支书不可推卸的责任"等。

二、公共空间"语言粗鄙化"的界定和识别

语言使用者如何看待"语言粗鄙化"现象?2017年,我们对南京某高校在校大学生开展了一次关于"语言粗鄙化"调查,当被问及"你认为什么是语言粗鄙化"时,71.30%的受访者的答案是个人使用较多低俗词语表情达意。而且受访者认为很多低俗词语是从网络语言中学到的。当被问及"哪些场所最能听到、看到或最经常用这些粗鄙词语"时,89.66%的受访者回答在宿舍和同学交流时会听到、用到不雅词语,79.31%的受访者表示在论坛和贴吧经常看到,22.41%的受访者表示曾经在教室、大商场等公共领域使用过少量的网络低俗词。

结合上述调查,我们认为应该区分社会公共空间和私人场所的语言粗鄙化。社会公共空间是城市居民共享的空间,其话语特点在于公开性,区别于私人场所中的个人话语(Allan & Burridge,1991)。社会公共空间可按地域分类,如城市或乡村公共空间;也可按话语媒介和方式分类,如网络公共空间和电影电视等媒介公共空间等。

语言粗鄙化不完全等同于使用网络低俗词语、粗鄙词语。语言粗鄙化是指在公共空间存在的一种话语风格倾向,表现为用词污秽低俗、逻辑错乱、语病百出等形式。不仅包括用词粗鄙,也包括格调粗鄙、内容粗鄙、形式粗鄙等。整个话语风格体现出低俗不雅、价值观和精神品格低下等特征,这些既违背社会公共空间话语表述的规则,也违背城市文明话语体系的规范。由此可知,语言粗鄙化不一定总是体现为使用粗鄙低俗词语。

"语言粗鄙化"与"语言暴力化"有交叉但不尽相同。以网络"标题党"为例。"标题党"喜欢用煽情、惊悚、污秽和侮辱性的词句赚取眼球,将许多内容严肃的文章配上恶俗的标题。比如《梵高的"破鞋"引发撕×大战》,实际说的是海德格尔、夏皮罗、德里达等人对油画《鞋》的不同阐释;而《这帮姑娘不穿衣服怎么也不害羞》,说的是一种新的艺术探索形式。对270人的

访谈结果显示，67.30%的受访者认为这类标题过于追求震撼效果，隐喻身体器官的脏话及其变体脏话特别容易引发不好联想。超过一半的受访者认为这些不是语言粗鄙化，而类似网络语言暴力。可以看出，两者存在交集，语言粗鄙化可以用来实施语言暴力。在上面的例子中，语言暴力化是通过使用粗鄙不雅的语言来实现的。区别在于，语言暴力是侮辱贬低对方，并会给对方造成严重精神和心理创伤，语言粗鄙化则会冒犯对方，引起对方的误解或不良感觉，但造成的后果轻于语言暴力化。最重要的是，有些语言暴力的实施不需要通过粗鄙化的语言，而会采用其他方式。

在识别语言粗鄙化之前，需要考虑语言粗鄙化的主体是否仅限于个体。公共空间中，语言粗鄙化的实施主体呈现多元化的特色，不仅仅局限在社会成员个体，也涉及社会不同层面，既包括语言使用者个人，也包括管理部门层面、企业层面。管理部门层面包括：政府部门制作号令、宣传用语时在社会语境中产生的语言粗鄙化状况。企业层面的语言粗鄙化现象包括两个方面：一方面是企业语言文明环境营造和语言文明用语/策略推广中存在的语言粗鄙化现象；另一方面是企业语用实践中出现的语言失范、诚信失范、道德失范、审美失范等现象。个人层面的语言粗鄙化主要是指当代中国城市陌生人交往实践中出现的语言理解、语言礼貌等问题。

在公共空间领域，多元化主体的语言粗鄙化可以有两个判别维度：显性语言粗鄙化和隐性语言粗鄙化。第一维度的显性语言粗鄙化，比较直白，是指直接采用低俗污秽或者下流词语表达情感、看法等的话语使用倾向。主要使用的词语类别包括三类：与性器官、性行为等有关的词语、与动物有关类词语以及与排泄物有关的词语。第二维度的隐性语言粗鄙化，具有一定的隐蔽性，是指并不直接使用低俗、粗鄙的词语，而是通过词语、图片暗示或某些词语的不当使用等，让听众或观众直接感受到恶俗、粗鄙、格调低下等色彩的话语风格倾向。

三、"语言粗鄙化"现象的产生原因

在某大学的一次校园辩论赛中，一位受邀嘉宾——某主流媒体的主编（校友，40岁左右的女性）在颁奖环节评论发言时说："这次辩论赛，深切感受我校选手的精彩表现，每个选手都很牛逼，我坐在台下观赏的时候觉得爽翻了"。针对这段评论，我们访谈了在高校工作的教师和行政人员（15人）的态度感受。首先，多数受访者表示感觉不舒服、尴尬，理由是该发言不符合当时说话人的身份和所处的语境，并认为这就是语言的粗鄙化。这些受访者表示，可以猜想这位主编的初衷是使用"牛逼、爽翻了"等词语拉近与大学生的距离，但在当时的语境下极端不合适，有损她的个人形象，显得品格低俗、不专业、职业素养偏低。当被问及"如果在私人场所（比如吃饭闲聊时）听到这段话，会感觉如何"，多数受访者表示，仍然会觉得不符合其身份和形象，但可以勉强接受，只是会觉得语言粗俗，但还构不成粗鄙。

同样一段话，为什么会产生不同的感觉呢？根据"什么人在什么样的场合用什么样的方式对什么人说了什么话"（Who says what to whom, when and how）（Wilson & Elliot，1983），可以描述公共空间语言粗鄙化的生成方式。公共空间的话语类似于交际，说话人的话语总是传递给某个或者某些听话人。话语表达的效果是一个动态变化的过程，最终的效果取决于说话人、听话人、说话场所、说话方式等多种因素。上述访谈的例子，正是在交际的几个因素的交织影响下才产生了语言的粗鄙化。当人们评价"语言粗鄙"时，实际上是感受到说话人所采用的词语、表达话语的方式对当下社会公共空间的侵犯，因而感到异样或不适。不同的语言使用空间对用词和表达风格的要求，其实是一个从宽松到严格的连续统；在这一更替过程中，语言风格倾向会出现由鄙到俗到雅的渐进变化。当语言使用和表达出现在非常严格的社会公共空间时，语言使用中俗的部分就会演变成鄙的现象。

图6.3呈现的是公共空间中语言粗鄙化的产生原因。主要的影响因素包括两项。①场合。公共空间存在严格与宽松、开放程度大与小的区别。场合越正式、开放程度越高、影响人群越多，对说话人的要求就越严格。②社会关系。即交际对象、说话人和听话人的社会距离和权势关系。说话人和听话人处在不同权势关系时，如果说话人处在权势关系较高的位置，听话人和说话人的社会距离较远，关系较疏远，语言使用环境要求高。社会权力地位越高，要求越严格。社会权力地位越接近，社会距离越近，关系相对亲近。说

话人和听话人社会距离越近，亲密程度越高，语境要求越宽松。如果交际对象中存在儿童、长辈等特殊群体或社会距离较远的群体，双方关系疏远，语言使用环境要求严格。除了上述因素之外，语言粗鄙化现象的产生还与话语投射到使用环境的形式有关。目前来看，话语传播方式包括网络渠道、公共媒体渠道和现实渠道。网络渠道和公共媒体渠道会加速语言粗鄙化的泛滥，影响的人数、深度等也会不断增加。

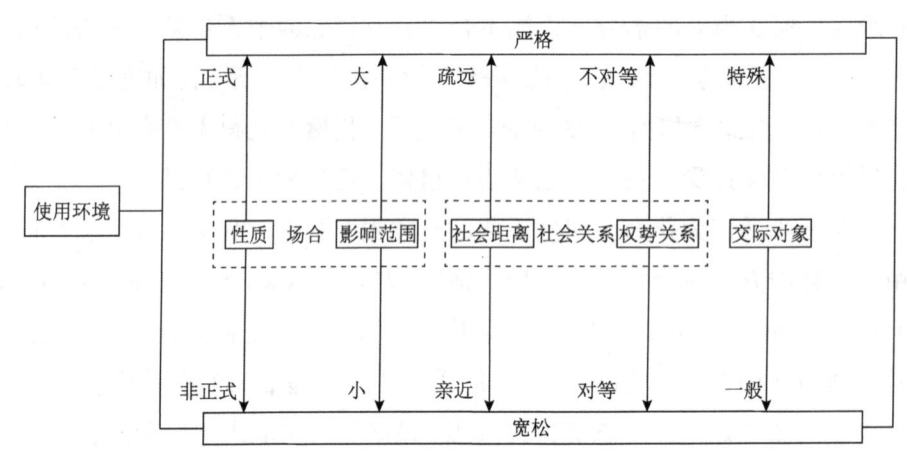

图 6.3 "语言粗鄙化"现象的产生原因

上述校园辩论赛的例子中，说话人（主编评委）相对于听话人（大学生）而言，所处的社会地位较高，掌握的权力资源较多；说话人与听话人的社会距离也较大，彼此关系较疏远。此外，说话人与听话人所处的交际环境属于非常正式而且开放程度较高的社会公共空间。所有这些要素综合到一起，就形成了非常严格的语言使用环境，因此要求该说话人的话语内容和话语表述方式趋于正式和严肃。正因为该说话人的用词和表达方式不符合当时的语言使用环境和自身社会身份，才让受访者感觉其语言存在粗鄙化。可见，在公共空间领域，对某些低俗词语的使用，如果不符合自身的角色、社会权势关系等的定位，会造成其语言的粗鄙化，在一定程度上也会有损个人文明形象。从深层看，有一定社会身份和社会影响力的个体的语言粗鄙化背后，反映的是趣味与审美的衰退。

四、"语言粗鄙化"的负面影响和现实接受度

当前社会公共空间"语言粗鄙化"之所以引起警觉,是因为"度"的失控,导致"世俗"变成了"恶俗","通俗"变成了"媚俗","庸常"变成了"粗陋","人情"变成了"矫情"和"滥情",导致从中性的"俗"走向了劣性的"鄙"。如前所述,社会公共空间语言粗鄙化的实施主体不仅有个人,还有管理部门和企业等,由于所处社会位置、社会角色定位不同,其语言粗鄙化的影响程度也有差异。现实生活中,公共空间语言粗鄙化的负面影响和接受度是否存在差异?为此,我们以管理部门和企业发布的宣传标语口号为例,结合问卷和访谈数据来做进一步分析。

标语口号作为城市语言景观的一部分,其功能包括:目标导向功能,通常包括告知国家重要决策和相关的政策等,比如"优化生育政策,促进人口长期均衡发展""严打黑恶犯罪,弘扬社会正气"等;规劝教化功能,包括示范榜样、陶冶情操、道德感召、思想启迪等,比如"天下无难事,只怕有心人""言必信,行必果""环境关系你我他,综合整治靠大家"等;动员激励功能,包括表达意愿、决心和誓言等,比如"未来由我创,爱拼才会赢""态度决定一切,奋斗成就未来""追求客户满意,是你我的责任"等。可这些标语口号有交际的说话人和听话人吗?根据语言景观理论,制作标语口号的管理部门和企业就是说话人,现实生活中看到这些标语口号的个人就是听话人。管理部门和企业由于所处的地位和掌握的资源都高于生活中的读者,两者的社会距离较远,关系也比较疏远,也就是说,这些特殊"说话人"的交际场合要求是非常严格的;而且由于信息的对外开放程度非常高,辐射到的人数众多,整个城市、整个社会有时甚至会有超国界的影响。基于此,其话语内容和话语方式也需要符合社会公共话语规范。

近年来,标语口号语言的粗鄙化非常突出,而且负面影响很大。2019年,学者汪惠迪在联合早报网发表《标语大国的尴尬》一文,指出中国城市的标语口号存在"歧义误导、语义不明、胡说八道、恶语诅咒"等怪象,其认为这不仅污染了城市的文明,而且也不符合中国大国的形象。标语口号的现实读者(城市市民)是不是也有类似的感受?不同类别的标语口号,其负面影

响是否存在差异？

调查结果显示，对于含有错别字的标语口号，不管是哪一类的错字，接受度均随着学历的升高而递减，即被调查者文化程度与错别字标语的接受度呈反比例关系，即文化程度与错别字标语接受度相关。

第一类（含错别字标语）中第一种的接受度普遍比第二种的接受度高（高约 20.00%）。最主要的原因是第二类含错字的标语更易引起不好的联想，负面影响大。比如"文明没有旁观者，你我都是贱行人"。部分受访者认为整个口号传达的意思很正面，也很赞同，但一个"贱"字消极了所有的积极意义，不妥当，引起了反面效果，降低了做文明人的积极性。有些受访者表示，作为中国人读起来，错别字"贱"让人觉得张贴者有故意侮辱人之嫌，而对于国外读者来说，可能会让他们产生城市宣传者素质低的想法，有损中国人以及中国城市的形象。

对于第二类（包含性暗示等不良联想的标语，如"做爱的上海女人"），受访者的接受度很低。以此条标语为例，共有 256 人持反对态度，占总人数的 94.80%。反对的理由有："做爱"两个字含有性暗示，低俗粗鲁；标语有歧义，会让人产生不好的联想；场合不合适，影响城市形象。从语言形式上看，该标语存在因断句产生的歧义，可以有两种断句："做爱的/上海女人"或"做/爱的/上海女人"。"做爱"一般指性生活，不适合在正式场合公开谈论，而"爱的/上海女人"也没有明确清晰的意思。两种解读意义都很模糊，让人无法理解宣传的内容和目的。从社会观念来看，若理解为"做爱的/上海女人"，"做爱"表达较粗俗，不适合出现在公共场所，且标语中还带有城市名，可能会对城市宣传造成负面影响。根据会话含义理论中的礼貌原则，该标语不仅存在歧义。在调查中，也有受访者提到该标语不尊重女性，使用低俗的词汇形容女性，是一种侮辱和贬低行为。

对于第三类（语义逻辑不通的标语，如"强奸不如去嫖娼"），有 265 人持不接受态度，占总数的 98.15%。其中男性 129 人，占比 48.68%，女性 136 人，占比 51.32%。不接受的原因可以归为：用词粗俗直白，含有性暗示，而且容易产生歧义；太过口语化；不管嫖娼还是强奸都属于违法犯罪行为，都应该坚决杜绝，说不上哪个比哪个好，这样的宣传不利于构建和谐社会；标语有诱导嫖娼之嫌，传递的是一种扭曲的三观，不能起到教育作用，会给社会带来负能量；带有强制色彩。从语言形式上看，"A不如B"指B优于A，但此标语中的"强奸"和"嫖娼"均属于违法行为，不存在优劣性的对比。男性受访者指出，虽然这句话有点道理，但更像是私下的调侃，不适合张贴在公共场所。官方标语表述的意思应该是严肃正经的。从价值观念上来看，标语应宣传积极健康的价值观，与我国的法律法规相符，但强奸和嫖娼都属于违法行为，不应放在标语中进行宣传。还有受访者指出：本来不强奸还有很多别的正常的事可以做，这条标语说得像不强奸就只能嫖娼一样。

对于第四类（内容和格调粗鄙类标语，如"让全村怀上二胎，是村支书不可推卸的责任"），持不接受态度的共260人，占总人数的96.30%。此标语的本来意思是，村支书要积极宣传国家的"二胎"政策，发动适龄青年生二胎。然而，此句也可以解读为村支书有责任帮助全村人怀上二胎。显然，这样的语言表达从逻辑上看是讲不通的（毕竟男性不可以怀胎），其传达的隐晦意思也是荒谬的。不仅如此，此句还传达了一种与当今社会格格不入的观点，即生育是可以强制发生的。在公民拥有充分自由的现代社会，"生二胎"并非一个强制性规定，不能作为行政任务，施压给"村支书"，成为其"不可推卸的责任"。这也是大众对这类标语普遍难以接受的重要原因。

公共空间的标语口号，均由处在社会权势地位较高的管理部门或企业部门发布，这类标语应该要有一定的权威性和积极向上的引导性。标语口号传达的是一种理念，它在公共场所张贴，是公共空间的组成部分，因此某种程度上可以说参与了公共空间的塑造，因此发布者要有责任意识，应当严谨地对待标语的制作、张贴。这样才能起到正面效果，促进公共空间理性文明话语氛围的营造，才不会降低和影响城市乃至国家的格调和形象。

五、公共空间"语言粗鄙化"的治理思路与举措

社会各界已开始关注网络语言粗鄙化的治理问题。2015年，商务印书馆出版的《中国语言生活状况年度报告》呼吁网络语言粗鄙化需要治理，规范网络语言的必要性逐步得到社会认同。专家们也纷纷呼吁网络用语应有底线，

防止滥用粗鄙词汇伤害社会文化。随后，主流媒体和学术界均开始采取一些具体行动。作家冯骥才曾在全国两会上表示，不讲究的公共空间，被污染的公共语言，是社会文化粗鄙化的一部分。社会公共空间语言的使用需要慎重选择和把控，如果任其蔓延，整个社会、国家的文明形象会受到损害。

语言治理是语言规划领域在其发展过程中产生的一种新提法，强调实施语言规划行为时采用的具体途径、手段或方法（Walsh，2012；郭龙生，2015）。突出是"治理"而不是"管理"，主要强调语言规划观从"自上而下"到"自下而上"的转向。与传统意义上的"管理"相比，"治理"强调多元主体管理，民主、参与式、互动式管理，而不是单一主体管理（姜涛等，2013）或大一统、命令式的管理。语言实践显示，以国家为主体的"自上而下"语言规划付诸实践时，会不可避免地出现政策上的整齐划一以及与多元化语言生活状况冲突的局面。面向单一主体的"自上而下"管理模式，难以应对日益复杂和多变的语言矛盾和语言需求。相比之下，"自下而上"的语言规划模式具有针对性，将家庭、学校、社区、企业等多元主体纳入研究范畴，号召"全民参与"，而且真正考虑现实话语中存在的实际语言问题，更加具有针对性。这一观点可以与"自上而下"的语言规划形成互补，能将问题反馈到宏观规划环节，再由完善后的宏观规划推进微观的语言治理，有助于城市社区打造文明、和谐的语言生活，提升城市文明形象，并能在一定程度上推动经济的发展和社会的稳定。

对语言粗鄙化现象治理的主要思路是"立足事实，以人为本"。该思路有助于实现语言使用者（居民）、语言治理与社会发展的良性互动，从而为政治稳定、经济发展、文化繁荣、民族团结、人民幸福、社会安宁、国家统一提供有力保障。具体的治理思路以"从小便相识，大便情更浓"标语为例，该标语的接受度调查结果有些出乎意料：文化程度与接受度成正相关，即文化程度越高，对此口号的接受度越高。为什么学历越高的人，接受度反而越大呢？"从小便相识，大便情更浓"这句标语的原意是"小的时候我们就相识了，随着年岁的增长，我们之间的情谊就愈加深厚"，而它不好的原因在于为了硬凑成对仗工整的格式，随意减少和拼凑字词，使用了"小便"和"大便"两个词语，容易产生歧义。而且，"小便""大便"容易引起一种不好联想。文化程度不同的受访者均给出了自己的理由。初高中学历的受访者，一看见"小便""大便"这类词，就表示不适合出现在标语中，"很尴尬"。但本科、研究生及以上学历的受访者，则表示这种标语一般多出现在"老同学聚会"的场合，放在这种语境下是可以接受的，因为"很有趣""聚会的同学都认识也很熟悉，同学之间无伤大雅"，而且这条标语的使用"让整个聚会有幽默感，可以活跃气氛"。其他积极评价还有"诙谐""字面上简单理解并无错误""说明同学间关系比较好"等。但本科、研究生及以上学历的接受者都强调一定要分场合，只有在熟人聚会这类较封闭的场合才能使用，如果张贴在公共空间就有"恶搞"的感觉，让人觉得"低俗、不文明、不雅观"，也会"有歧义，容易造成误解"。基于事实的数据提示我们，标语口号是否粗鄙化，常与交际对象、交际场合等密切相关。再比如，对于"你若酒驾，我便改嫁"类标语，多数受访者认为此类标语谈不上高大优雅，虽然简单直白通俗，但绝对没有粗鄙化，如果放在农村这样的语言环境下，应该接受度会更高一些，因为很多读者文化程度偏低，简单、朗朗上口的标语，他们更容易理解。

  个人层面语言粗鄙化的治理，也需要依据事实影响，有针对性地引导或治理。对于一些有社会地位或社会影响力较大的公众人物，应该倡议其提高语言文明意识，在公共空间杜绝或减少粗鄙语言和表达的使用。倡议其注意用词表达的正面引导作用，可以"俗"但不宜"鄙"。社会公共空间开放程度很高，有社会影响力的个体，语言的示范和引导作用应该强化。他们的不当用词和表达会带动语言粗鄙倾向在年轻一代中流行，容易导致认知混乱、强化玩世不恭等一些消极心态，影响社会的和谐状况。

第七节　本章小结

　　文明，是一个国家的内在气质，赋予一个国家生生不息的发展力量。语言不文明现象的治理不仅促进社会的和谐，在某种程度上还能提升国家的形象。本章梳理现有语言治理观的相关观点，提出了符合中国国情的语言治理实践范式，同时比较分析了国内外语言不文明治理的做法。在上述理论与实践的基础上，就管理部门、企业、个人三个层面如何治理语言不文明问题提出了一系列举措。最后，通过个案分析，探究了语言粗鄙化现象的治理对策。

　　本章表明，引入符合国情的语言治理观，对语言不文明现象进行阐释与分析，将有助于寻找与发现这些现象或问题存在的深层动因，从而以此为基础，探寻出解决问题的思路与方法。

第七章 结 语

　　本章为全书的结语，旨在总结本书的主要发现，讨论研究的理论与实践启示，并对未来研究方向提出一些展望。

第一节 主要发现

本书首先认为语言文明是指"用语得体、委婉、礼貌、文雅",而语言不文明指"用语粗俗、低俗、庸俗、粗鲁、霸凌、欺诈、歧视、污名化、腐败、贿赂、污染"等。接着,本书采用了文献研究与理论思辨法、社会调查法、访谈法等研究方法,从理论维度、问题维度、语言文明推广维度和语言不文明对策维度展开研究,主要从管理部门、企业和个人三个层面考察了现实空间和网络空间中的语言文明与不文明现象,同时也提出了我国城市语言文明话语实践的推广方案。最后,提出管理部门、企业和个人三个层面对语言不文明的治理策略。本书的主要发现如下。

在现实空间语言文明与不文明方面,管理部门层面存在的语言文明与不文明包括:政务工作过程中出现的相关问题;语言立法和执法中的语言运用问题;语言经济、语言扶贫中的语言问题;城市语言文明的问题。

从企业层面的语言使用来看,其首先需要符合当代语言生活的需求,这既是企业工作人员的社会责任,也是企业自身语言文明建设的重要内容。这一层面的语言文明与不文明存在于两个层面。一是企业工作人员营销、服务等过程中的语言使用问题;服务推广过程中存在的语言失范、语言暴力等问题。二是企业宣传推广活动中的语用实践问题,主要内容包括企业形象、政策等宣传用语中不符合多元主体利益的某些不文明或者不雅观语言现象(如语言失范、诚信失范、道德失范、审美失范、语言暴力、违背法律等)。

从个人层面来看,社会居民在语言生活中如何有效沟通、如何通过语言使用展现自身的良好文化与道德修养等,都是语言文明与不文明研究关注的内容。现实空间中个人层面语言文明与不文明主要涉及在语言生活中个体间语言交往实践产生的问题。在城镇化进程中,我国社会逐渐由"熟人社会"发展为"陌生人社会",这一变化给社会居民的语言交往方式带来影响,也进而带来一些语言不文明问题。此外，还包括现实交往中个体语言使用中存在的用语污名化、语言暴力、语言粗俗化等问题。现实空间语言不文明现象的阐释与分析，有助于寻找与发现这些现象或问题存在的深层动因，从而以此为基础，探寻解决的思路与方法。

在网络空间语言文明与不文明方面，本书以政务微博、中国政府网评论回复、企业广告宣传文案等为语料，通过宏观描述和微观描写，定性分析和定量分析结合的方法，从网络空间的管理部门层面、企业层面和个人层面分别探讨了语言文明现状。本书研究发现，网络空间的管理部门、企业和个人层面均存在语言不规范的问题。在管理部门层面，文字、词汇、语法问题依次增加，身份标签、健康传播语言、礼貌标记语以及信息公开度等方面存在语用维度的文明问题；在企业层面，诚信失范、语言暴力、审美失范、语言歧视等是主要的语言文明问题；在个人层面，网络流行语、网络低俗语、网络语言暴力是个体使用不文明网络语言的主要形式。基于网络空间管理部门、企业和个人层面语言文明的不同现状及问题，本书提出网络空间的管理部门层面应坚持显性政策和隐性共识并举，企业层面应设置网络监管后台，个人层面应文明理性、互相监督等初步建议，以坚决遏阻庸俗暴戾网络语言传播，建设健康文明的网络语言环境。

在城市语言文明话语实践的推广方面，本书依据李宇明（2012）在《论语言生活的层级》一文中将语言规划分为宏观、中观、微观三个层级，继而从三个层面介绍了城市语言文明话语实践推广：首先是宏观层面，语言文明体现为党和政府长期大力建设的符合法治和德治要求的社会大环境；其次是中观层面，语言文明体现为企事业单位的机构内部的文明语言生活，以及向社会提供的良好的语言服务；最后是微观层面，语言文明体现为个人在公共场合和网络环境中的文明言行。语言文明是城市文明的重要组成部分，要成为"城市文明典范"，就需要做好城市语言文明建设，树立语言文明意识，制定语言文明规范，充分发挥教育的基础作用、国家公务员的带头作用、新闻媒体的示范作用和主要服务行业的窗口作用，带动整个城市语言文明的提升。

在城市语言不文明的治理对策方面，本书基于卡普兰等提出的三维语言治理观，即宏观、中观、微观三个层面的语言治理（Kaplan & Baldauf, 1997），认为针对城市语言不文明现象，可以从宏观的管理部门层面，中观的社会群体尤其是企业层面和微观的个人层面三个方面展开治理。其中，管理部门层面的语言治理体现为对语言文字体系、言语交际秩序和言语环境的完善。企业层面的语言治理体现为对语言管理和语言服务的约束。个人层面的语言治理体现为对良好的人际交流的倡导。这三个层面的语言文明治理相互联系又相互独立，彼此环环相扣：管理部门层面的法律法规用于引导企业和个人层面的语言文明；个人层面的参与用于监督管理者和企业主的不文明语言；企业层面的生态发展塑造新型语言文明规范规约。

第二节 研究理论和实践启示

迄今为止，国内外学者虽然经常谈及语言文明问题，但尚未有系统提出语言文明理论的成果。系统探讨、建构语言文明理论，本书尚属首次。本书在系统研习文献、大量考察关涉语言文明的正反方面语言实践基础上提出语言文明理论，对提升我国理论自信具有重要的意义。除此之外，本书补充和丰富了批评语用学、语言景观理论和语言规划理论的内容。本书搭建了分析模型，从管理部门、企业和个人三个层面调查和分析城市社区语言文明或不文明的行为，分析原因，并从语言规划视角提供建设性对策和规范准则；本书拓宽了语言学与管理学、传播学等相关学科的交叉研究范围，丰富了城市语言调查研究的内容。

本书研究与新时代我国语言文字事业发展方向相呼应。为推进新时代语言文字事业改革发展，2020年9月，国务院办公厅印发了《关于全面加强新时代语言文字工作的意见》(简称《意见》)。这是新中国成立以来第一次以国务院办公厅名义下发的全面加强语言文字工作的指导性文件。《意见》强调，要加强语言文字规范化标准化建设，将语言文字规范化要求纳入行业管理、城乡管理和文明城市、文明村镇、文明单位、文明校园创建内容。加强对新词新语、字母词、外语词等的监测研究和规范引导。加强语言文明教育，强化对互联网等各类新媒体语言文字使用的规范和管理，坚决遏阻庸俗暴戾网络语言传播，建设健康文明的网络语言环境。

《国家语言文字事业"十四五"发展规划》中强调了语言生活状况监测、加强网络语言的监管与引导等重要问题，本书正是通过发现新时代我国城市建设过程中的文明和不文明语言行为，开展正反两个方面的评论，提出相关建议，有助于提升国家、城市、管理部门、企业以及个体的形象。本书还将有助于强化社会各类主体的语言文明意识，呈现的相关话语策略可以提升管理部门、企业等文化软实力。本书将通过重塑当代人际交往所需的文明话语尤其是礼貌话语体系，促进市民良好语言习惯的养成，全面提高市民的语言修养和文明素质。

第三节 研究展望

由于研究时间仓促，关于城市语言文明及其建设的话题仍有许多问题值得探讨，本书研究人员将继续跟进，也期待其他研究者积极参与到这项非常有意义的研究工作中。我们认为，未来相关研究至少可以包括但不限于以下几种。

（1）青少年的语言文明发展现状、存在问题、问题根源、解决对策等。青少年是祖国的未来，他们的语言文明程度不仅是当下中国语言文明的一部分，也很大程度上决定了未来中国的语言文明状态。语言文明建设要从娃娃抓起，若不及时发现相关问题、找到相关对策，错过最佳语言文明教育期，对他们的未来成长会带来消极影响。探究儿童、青少年阶段的语言文明教育状况具有重要的社会意义。

（2）现实与网络空间中的影视作品、娱乐作品的语言文明现状、存在问题、问题根源、解决对策等。由于其强大的社会影响力、渗透力，这些作品对个人层面的城市语言文明建设，尤其是未成年人的语言文明发展具有深远的影响。调查并发现相关作品中的语言文明问题、提出相应的解决方案刻不容缓，可以从源头上杜绝一些语言不文明问题的发生。

（3）发生在城市各类特殊人群（如失智或智退症老年人、自闭症儿童、精神病患者）中的语言不文明问题、问题根源、解决对策等。如何使用有温度和热度的护理话语，抑制甚至禁止各类语言虐待、语言暴力、语言歧视、语言冷漠，值得探究。

（4）开展城市语言文明建设，需要不忘本来，借鉴外来。一方面，可以深入研究、总结中国传统语言文明教育中的良好做法，加以传承并发扬光大；另一方面，秉持开放心态，可以认真学习国外语言文明教育的先进做法，开展中外语言文明教育比较，倡导文化互鉴、学以致用和为我所用。

衷心期待相关研究结出更多硕果，为我国城市语言文明建设做出应有的重要贡献。

参考文献

安志伟. 2012. 网络语言的多角度研究. 太原：山西人民出版社.
白晨曦. 2006. 美国新泽西州"公平住房法案". 北京规划建设, (1): 84-86.
鲍悦, 张颖炜, 蒋垚. 2019. 浅谈网络广告语言的规范化. 文教资料, (9): 33-36.
博纳德·斯博斯基. 2011. 语言政策——社会语言学中的重要论题. 张治国译. 北京：商务印书馆.
蔡雨坤. 2016. 关于脏话性别差异的再思考. 新闻界, (16): 16-21.
常进锋. 2016. 青少年网络低俗语言泛滥的社会学透视. 青年探索, (6): 78-83.
陈丛耘. 2020. 汉语修辞术研究. 北京：中国书籍出版社.
陈良璜. 1997. 论语言文明建设. 南京高师学报, (2): 71-75.
陈梅松, 陈新仁. 2020. 虚假关系管理的语用分析——以网络谣言为例. 中国外语, (6): 41-47.
陈倩倩. 2020. 新课标背景下高中语文审美教育评价研究. 天水师范学院硕士学位论文.
陈汝东. 1996. 论语言文明. 语文建设, (11): 36-40.
陈汝东. 1998. 语言伦理理论. 语文建设, (12): 25-28.
陈汝东. 2014. 修辞学教程. 2版. 北京：北京大学出版社.
陈汝东. 2016. 论中国话语文明的历史走向. 现代传播(中国传媒大学学报), (6): 14-19.
陈新仁. 1994. 试探"经济原则"在言语交际中的运行. 外语学刊, (1): 8-12, 59.
陈新仁. 2014. 顺应与重建：关于结构与语境关系的再思考. 外语教育研究, (1): 7-13.
陈新仁. 2017. 跨学科前沿研究：伦理语用学. 中国外语, (3): 1, 9-10.
陈新仁. 2018a. 语用身份论：如何用身份话语做事. 北京：北京师范大学出版社.
陈新仁. 2018b. 言语交际者关系管理模式新拟. 外语教学理论与实践, (3): 5-12.
陈新仁, 方小兵. 2015. 全球化语境下的语言规划与安全研究. 南京：南京大学出版社.
程志强. 2003. 中华成语大词典. 北京：中国大百科全书出版社.
戴曼纯. 2011. 国家语言能力、语言规划与国家安全. 语言文字应用, (4): 123-131.
戴曼纯. 2021. 语言政策与规划理论构建：超越规划和管理的语言治理. 云南师范大学学

报（哲学社会科学版），53(2): 29-38.
戴炜华. 2007. 新编英汉语言学词典. 上海：上海外语教育出版社.
戴先任. 2020-11-07. 别让语言软暴力割裂网络舆论场. 重庆日报, 8.
党兰玲. 2012. 中原经济区和谐语言环境建设研究. 河南社会科学, (10): 92-93.
党玲玲, 李延林. 2006. 广告英语的美学特征. 语文学刊, (15): 41-43.
丁金国. 2010. 语体意识及其培育. 当代修辞学, (6): 31-38.
窦东徽, 罗明明, 刘肖岑. 2017. 网络喷子：演变过程、产生机制及干预路径. 现代传播（中国传媒大学学报）, 39(10): 138-142.
杜永道. 1996. 语言文明建设刍议. 语文建设, (7): 41.
方小兵. 2021. 从文明语言到语言文明：论"语言文明"概念的层次性. 云南师范大学学报(哲学社会科学版), (6): 35-41.
冯广艺. 2008. 生态文明建设中的语言生态问题. 贵州社会科学, (4): 4-8.
冯广艺. 2012. 生态文明建设中的语言生态对策. 贵州社会科学, (6): 9-14.
付海. 2018. 使用网络语言应取舍有度. 青年记者, (13): 5.
高芳. 2020. (不)礼貌生成理论对隐性不礼貌主题教育的启示. 浙江海洋大学学报(人文科学版), (3): 91-97.
耿雯雯, 谢朝群. 2020. 网络语言暴力的(不)礼貌研究. 中国外语, (3): 20-28.
宫严, 魏忠显. 2000. 广告用语剖析——清除语言垃圾，建设精神文明. 沈阳教育学院学报, (B12): 149-150.
龚文庠. 2006. 标语的传播功能. 新闻界, (2): 31-32.
顾莹, 张颖炜. 2019. 网络综艺节目语言的语音特征及语音失范. 文教资料, (8): 13-16.
顾曰国. 1992a. 礼貌、语用与文化. 外语教学与研究, (4): 10-17, 80.
顾曰国. 1992b. 利奇的修辞学理论. 外语研究, (4): 19-23.
关彦庆. 2020. 偏离型网络言语行为和国家语言文明建设. 江西科技师范大学学报, (4): 21-32.
郭骏. 2013. 关于城市语言调查的几点思考. 语言文字应用, (4): 30-39.
郭龙生. 2015. 双语教育与中国语言治理现代化. 双语教育研究, (2): 1-5, 89.
郭龙生. 2016. 网络语言生态文明建设刍议. 汉字文化, (5): 34-38.
郭熙, 王文豪. 2018. 论华语研究与华文教育的衔接. 语言文字应用, (2): 2-10.
国务院办公厅. 2020. 国务院办公厅关于全面加强新时代语言文字工作的意见. http://www.gov.cn/zhengce/content/2021-11/30/content_5654985.htm[2021-11-30].
韩芸. 2007. "经济原则"发展概述. 中国外语, (6): 53-56.
汉娜·阿伦特. 1998. 公共领域与私人领域. 刘锋译. 北京：生活·读书·新知三联书店.
郝宇青, 李婧. 2013. 政治语言滥用：分析当前中国的语言腐败. 上海商学院学报, (3): 58-61, 87.
何刚. 2002. 情境、意向、表达行为——表达方式探微. 外国语, (2): 23-29.
何勇, 杨映瑜. 2020. 突发公共卫生事件网络谣言的特征及治理. 现代传播（中国传媒大学学报）, (6): 130-135.
何自然. 2018. 人际语用学：使用语言处理人际关系的学问. 外语教学, 39(6): 1-6.
侯瑞芬. 2020. 品牌命名与语言文字规范. 辞书研究, (6): 18-25, 125.

侯莹, 王杰康. 2014. 政府公告与政府通告比较研究. 兰台世界, (3): 49-51.
胡培安. 2001. 语言素质的内隐与外显因素. 社会科学家, (4): 82-85.
胡在东. 2017. 当代大学生网络语言特点及对思想政治教育的影响研究. 科教文汇(中旬刊), (3): 12-13.
胡壮麟. 2019. 多元文明交融下的国家语言战略. 中国外语, (5): 4-9.
江南, 杜文霞. 1999. 在语言文明建设中要强化爱国主义教育. 当代修辞学, (2): 18-19.
姜涛, 李晓义, 李建标. 2013. 治理的功能、结构与演化: 一个概念模型. 天津社会科学, (2): 72-77.
敬笑迎. 2018. 河南省政务微博语言文字失范现象研究. 武汉大学硕士学位论文.
孔子. 2015. 论语. 南京: 南京大学出版社.
李国青, 杨莹. 2013. 我国网络反腐官方回应的误区及其矫正. 东北大学学报(社会科学版), (5): 506-510.
李林. 2016-12-15. 让法治与德治相得益彰. 学习时报, 3.
李凌燕, 左凯. 2020. 语言腐败对政府形象的影响及其治理. 青海社会科学, (2): 22-26.
李璐, 孔繁敏, 齐秋鸽. 2016. 中国劳动力市场就业歧视趋势研究——基于对招聘广告的内容分析. 中国劳动关系学院学报, 30(2): 48-53.
李琼. 2015. 汉语当代社会称呼语的变异研究. 陕西师范大学学报(哲学社会科学版), 44(4): 168-174.
李舒慧. 2013. 网络暴力语言现象探析. 渤海大学硕士学位论文.
李树新. 2002. 论语言文明建设. 内蒙古社会科学(汉文版), (6): 99-102.
李现乐, 刘逸凡, 张沥文. 2020. 乡村振兴背景下的语言生态建设与语言服务研究——基于苏中三市的乡村语言调查. 语言文字应用, (1): 20-29.
李想. 2020. 党政系统中语言腐败的表现及治理之策. 领导学, (20): 88-91.
李晓霞. 2017. 兰州: 用孩子们喜欢的方式诠释文明礼仪. http://gansu.gscn.com.cn/system/2017/05/12/011701522.shtml[2022-12-17].
李耀. 2017. 英小镇讲脏话罚款. 共产党员, (7): 61.
李宇明. 2012. 论语言生活的层级. 语言教学与研究, (5): 1-10.
李宇明. 2016. 语言生活与语言生活研究. 语言战略研究, (3): 15-23.
李宇明. 2017. 树立"外语生活"意识. 中国外语, 14(5): 1, 9-10.
李宇明. 2020a. 语言技术与语言生态. 外语教学, 41(6): 1-5.
李宇明. 2020b. 语言治理的现实路向(代主持人语). 云南师范大学学报（哲学社会科学版）, (3): 28.
李悦娥, 申智奇. 2003. 自然会话中的打断现象分析. 当代语言学, (1): 25-32, 94.
林之满. 2007. 周易全书. 哈尔滨: 北方文艺出版社.
刘长青. 2007-03-23. 清除暴力语言, 实行文明执法. 安阳日报, 5.
龙涧. 2020. 对不文明行为要敢于"动真碰硬". http://www.wenming.cn/wmpl_pd/wmdd/202004/t20200424_5545128.shtml[2020-10-28].
刘宏达, 李刁. 2014. 网络语言环境下的大学生行为管理对策研究. 学校党建与思想教育, (15): 53-55.
刘华, 黎晨光, 王慧. 2018. 面向东南亚华语语言规划的语言态度调查研究. 语言文字应用, (2): 11-19.
刘明辉. 2016. 禁止招聘广告性别歧视项目调查研究报告. 反歧视评论, (5): 133-151.
刘蓉萍. 2020.美好生活不能少了言语文明. https://m.gmw.cn/baijia/2020-07/20/1301381485. html [2020-07-20].
刘士林. 2011. 中国都市化进程的病象研究与文化阐释. 学术研究, (12): 39-47.
路崴崴, 毕婉婷, 柴元. 2020. 大学生网络语言文明研究现状. 北方文学, (32): 134-135, 142.
马春红. 2007-09-03. 执法文明从语言文明开始. 铁岭日报, 5.
马嘉敏. 2017. 网络低俗用语的隐晦表达研究. 现代语文(语言研究版), (3): 133-137.
诺贝特·埃利亚斯. 2009. 文明的进程: 文明的社会起源和心理起源的研究. 王佩莉, 袁志英译. 上海: 上海译文出版社.
钱冠连. 2018. 美学语言学: 语言美和言语美. 上海: 华东师范大学出版社.
乔丹丹. 2015. 儿童使用不文明语言现象及情感矫正策略. 现代教育科学(小学教师), (4): 23-24.
秦诗涵, 甘雨, 李精精, 等. 2013. 不文明语言的成因、危害及治理途径初探. 法制与社会, (20): 192-193.
饶高琦. 2021. 语言生活离不开语体意识. https://m.gmw.cn/baijia/2021-08/15/35080863.html [2021-08-15].
申唯佳. 2018. 标语口号演变与中国共产党政治传播的战略转型. 郑州大学学报(哲学社会科学版), 51(6): 151-154, 157.
申智奇, 何自然. 2010. 言语冒犯及其形成机制. 外语教学, 31(4): 11-14.
沈骑, 曹新宇. 2019. 全球治理视域下中国国家外语能力建设的范式转型. 外语界, (6): 45-52.
沈锡伦. 1996. 语言文明建设与法制观念. 语文建设, (12): 28-29.
沈阳, 郭锐. 2014. 现代汉语. 北京: 高等教育出版社.
石琳. 2017. 新媒体语境下网络低俗语言的生成与传播. 社会科学家, (3): 149-154.
史雯娜. 2016. 中国创作动画片中的语言暴力及应对策略. 河南社会科学, 24(10): 117-122.
史志鹏. 2021-12-27. 坚决遏制庸俗暴戾语言 营造健康文明网络环境. 人民日报海外版, 8.
宋晶晶. 2013. 幼儿教师威胁性语言研究. 华中师范大学硕士学位论文.
宋维宙. 2018. 迎接海博会开幕, 用文明细节感染宾客. http://gdzj.wenming.cn/pinglun/201811/t20181121_5557138.shtml[2022-04-29].
苏金智. 2013. 语言腐败与语言污染. 决策与信息, (4): 72-73.
孙小春, 何自然. 2019. 公共场所用语得体性研究刍议. 语言文字应用, (2): 70-75.
索振羽. 2014. 语用学教程. 第2版. 北京: 北京大学出版社.
汪国华. 2006. 从熟人社会到陌生人社会: 城市离婚率趋高的社会学透视. 新疆社会科学, (5): 99-104.
王春辉. 2020a. 论语言与国家治理. 云南师范大学学报(哲学社会科学版), (3): 29-37.
王春辉. 2020b-08-22. 语言治理助力国家治理. 光明日报, 12.
王丹荣. 2017. 现代汉语祈使范畴及其表达手段研究. 武汉大学博士学位论文.

王建华. 2001.话语礼貌与语用距离. 外国语, (5): 25-31.

王建华, 胡云晚. 2016. 浙江政务服务网站语言文字应用现状调查//教育部语言文字信息管理司编. 中国语言生活状况报告2016. 北京: 商务印书馆: 76-83.

王建勤. 2011. 语言问题安全化与国家安全对策研究. 语言教学与研究, (6): 31-37.

王凯伟, 毛星芝. 2010. 行政监督实效提升的制约因素及对策. 湘潭大学学报(哲学社会科学版), 34(4): 83-86.

王丽. 2020-08-14. 规范语言文字 增强文化自信. 语言文字报, 8.

王玲, 陈新仁. 2020. 语言治理观及其实践范式. 陕西师范大学学报(哲学社会科学版), 49(5): 82-90.

王玲, 陈新仁. 2021. 公共空间"语言粗鄙化"现象及其治理. 外国语文研究(辑刊), (2): 99-112.

王玲, 刘艳秋. 2013. 城市语言环境变化与城市语言冲突事件. 安徽师范大学学报(人文社会科学版), 41(5): 646-653.

王玲, 刘艳秋. 2014. 城市化中语言适应行为与语音变异关系研究——以(i)变项、(y)变项、(-尾)变项为例. 陕西师范大学学报(哲学社会科学版), 43(2): 123-129..

王瑞敏. 2021. 文化软实力视域下网络不文明用语的影响与治理. 西南交通大学学报(社会科学版), 22(2): 53-59.

王仕勇. 2012. 近十年我国网络流行语研究综述. 重庆工商大学学报(社会科学版), 29(5): 7-12.

王炎龙, 邓倩. 2008. 网络语言传播与未成年人网络素养——基于中学生使用网络语言的调查报告. 新闻界, (3): 22, 29-32.

王炎龙, 刘丽娟. 2008. 博客语言暴力及其治理机制. 新闻记者, (9): 90-92.

王洋, 管淑侠. 2016. 青年网络流行语粗鄙化对策分析. 中国青年社会科学, 35(5): 67-71.

文昊. 2019. "文明主题列车"要念好"三字经". 中国文明网. https://weibo.com/ttarticle/p/show?id=2313501000014425421717372965[2022-08-21].

文秋芳. 2019a. 国家语言治理能力建设70年: 回顾与展望. 云南师范大学学报（哲学社会科学版）, 51(5): 30-40.

文秋芳. 2019b. 新中国外语教学理论70年发展历程. 中国外语, 16(5): 14-22.

文梓. 2019. 《条例》让"软文明"有了"硬杠杠". 中国文明网. http://www.wenming.cn/wmpl_pd/wmdd/201905/t20190513_5110213.shtml[2020-03-18].

文梓. 2021. "小"公交照见社会"大"文明. 中国文明网. http://www.xyzgh.gov.cn/xyzgh/c101739/2021-04/21/content_47ef576606394224adaf7d54897efb37.shtml[2022-08-21].

吴炳璋. 2020. 近十年网络流行语词源理据研究. 中北大学学报(社会科学版), 36(2): 105-109, 114.

仵兆琪, 陈婷. 2020. 重庆大学生不文明语言使用状况调查研究. 文化创新比较研究, 4(30): 49-51.

习近平. 2017. 决胜全面建成小康社会 夺取新时代中国特色社会主义伟大胜利——在中国共产党第十九次全国代表大会上的报告. http://www.gov.cn/zhuanti/2017-10/27/content_5234876.htm[2022-05-14].

夏才源. 2011-05-05. 注重语言文明 提升服务厅办税员服务效能. 盘锦日报, 7.

邢成举. 2016. 压力型体制下的"扶贫军令状"与贫困治理中的政府失灵. 南京农业大学学报(社会科学版), 16(5): 65-73, 155-156.

熊景星. 2017. 基于网络新闻的语言暴力现状研究. 新闻知识, (7): 57-60.

徐大明. 2020. 城市语言管理与城市语言文明建设. 云南师范大学学报(哲学社会科学版), 52(3): 38-46.

徐奇堂. 2006. 易经. 3版. 广州: 广州出版社.

徐毅成. 2012-03-23. 治理网络语言暴力刻不容缓. 人民日报, 17.

荀子. 2014. 《荀子》. 邓启铜点校. 南京: 南京大学出版社.

杨保军. 2020. 准确理解新闻的"整体真实". 新闻界, (4): 5, 35-42.

杨萍. 2010. 网络流行语: 网民自主话语生产的文化景观. 新闻前哨, (4): 87-89.

杨荣华, 宋楚婷. 2021. 南京城市公共服务领域的语言文明考察. 中国语言战略, 8(2): 69-79.

杨勇, 张泉. 2015. 生态语言学视野下网络流行语的语言污染及治理探究. 湖北社会科学, (3): 137-141.

姚静. 2015. 电视节目主持人对语言通俗化与粗俗化界限的把控. 当代电视, (8): 59-70.

姚喜双, 李桃. 2012. 试析网络视频主持人语言规范问题. 语言文字应用, (2): 41-52.

叶虎. 2016. 微传播环境下我国网络流行语论析. 现代传播(中国传媒大学学报), 38(7): 62-68.

佚名. 2006. 世界各国公务员千奇百怪. 人民文摘, (3): 44-45.

易花萍. 2016. 网络语言生态环境失衡下的法治思考. 宁波广播电视大学学报, 14(4): 6-10.

尤尔根·哈贝马斯. 2000. 重建历史唯物主义. 郭官义译. 北京: 社会科学文献出版社.

于东兴. 2020. 中国语言政策规划: 新时代中国语言文字规范标准思考——新时代语言文字规范化标准化学术研讨会暨第四届中国语言政策研究热点与趋势研讨会综述. 浙江大学学报(人文社会科学版), 50(2): 70-78.

于鹏亮. 2014. 中国网络流行语二十年流变史研究. 上海交通大学博士学位论文.

余智琪. 2019. 霸座事件中的微博语言暴力——基于批评话语分析理论. 传媒与艺术研究, (2): 2-12.

俞玮奇. 2015. 城市化进程中上海浦东新城区的语言生活状况及其变化研究. 语言教学与研究, (6): 105-112.

曾庆捷. 2017. "治理"概念的兴起及其在中国公共管理中的应用. 复旦学报(社会科学版), (3): 8-9.

翟学伟. 2017. 中国社会信用: 理论、实证与对策研究. 北京: 中国社会科学出版社.

张爱军. 2017. 微博视域下的青少年政治语言暴力研究. 中国青年研究, (6): 88-94.

张伯江. 1996. 否定的强化. 汉语学习, (1): 15-18.

张荻. 2020. 媒体从业人员字母词使用态度调查. 语言文字应用, (3): 89-96.

张娣. 2007-09-14. 商标名称呼唤语言文明. 中国知识产权报, 6.

张焕香, 李卫红. 2013. 北京高校大学生语言文明状况调查研究. 语言文字应用, (3): 8-16.

张惠君, 丁毅伟. 2006. 文化语境与交际. 扬州大学学报, (5): 47-50.

张建强, 谢倩文. 2020-03-25. 自媒体语言规范应加强. 语言文字报, 2.
张日培. 2015. 服务于"一带一路"的语言规划构想. 云南师范大学学报（哲学社会科学版）, 47(4): 48-53.
张日培, 刘思静. 2017. "一带一路"语言规划与全球语言生活治理. 新疆师范大学学报, 38(6): 2, 93-102.
张天伟. 2021. 国家语言能力指数体系完善与研究实践. 语言战略研究, 6(5): 12-24.
张薇, 郭佳, 李政葳. 2015-08-15. 规范网络用语是媒体义不容辞的责任. 光明日报, 6.
张筱荣, 朱平. 2015. 网络文化低俗化论析. 甘肃社会科学, (2): 230-233.
张颖炜. 2015. 网络语言研究. 广州: 暨南大学出版社.
张治国. 2011. 中国的关键外语探讨. 外语教学与研究, 43(1): 66-74, 159.
赵蓉晖. 2014. 中国外语规划与外语政策的基本问题. 云南师范大学学报（哲学社会科学版）, 46(1): 1-7.
赵瑶. 2020. 自媒体网络电台主持人的话语失范研究——以喜马拉雅FM为例. 河南大学硕士学位论文.
郑根成. 2013. 电视节目低俗化的深层反思. 湖南大学学报, 27(2): 155-160.
中国社会科学院语言研究所词典编辑室. 2012. 现代汉语词典. 6版. 北京: 商务印书馆.
中国社会科学院语言研究所词典编辑室. 2016. 现代汉语词典. 7版. 北京: 商务印书馆.
中国政务景气监测中心. 2009. 人大、政协、群众、企业监督四大创新模式. 领导决策信息, (46): 24-25.
周明强. 2005. 广告语言文明与守法意识. 浙江教育学院学报, (5): 69-73, 79.
周秋原. 2005. 强化语言规范化教育. 湖北社会科学, (6): 157-158.
周荣. 2000. 汉语骂詈语研究. 北京语言文化大学硕士学位论文.
祝春兰, 丁烜红, 王俊山, 等. 2017. 中学生网络文明的现状调查及建设机制. 上海教育科研, (8): 51-55.
祝畹瑾. 2013. 新编社会语言学概论. 北京: 北京大学出版社.
Agley, J., Jun, M. Y., Eldridge, L., et al. 2021. Effects of ACT Out! Social issue theater on social-emotional competence and bullying in youth and adolescents: Cluster randomized controlled trial. *JMIR Mental Health*, (1): 28-52.
Al-Garadi, M. A., Hussain, M. R., Khan, N., et al. 2019. Predicting cyberbullying on social media in the Big Data Era using Machine Learning Algorithms: Review of literature and open challenges. *IEEE Access*, (7): 70701-70718.
Allan, K. & Burridge, K. 1991. *Euphemism and Dysphemism: Language Used as Shield and Weapon*. New York: Oxford University Press.
Backhaus, P. 2006. Multilingualism in Tokyo: A look into the linguistic landscape. *International Journal of Multilingualism*, 3(1): 52-66.
Backhaus, P. 2007. *Linguistic Landscapes: A Comparative Study of Urban Multilingualism in Tokyo*. Clevedon-Bufalo-Toronto: Multilingual Matters Ltd.
Barkhuizen, G. & Knoch, U. 2006. Macro-level policy and micro-level planning: Afrikaans-speaking immigrants in New Zealand. *Australian Review of Applied Linguistics*, (29): 1-18.

Bilewicz, M. & Wiktor, S. 2020. Hate speech epidemic: The dynamic effects of derogatory language on intergroup relations and political radicalization. *Political Psychology*, (1): 3-33.

Bousfield, D. 2008. *Impoliteness in Interaction*. Arsterdam: John Benjamins Publishing Company.

Boyd, R. 2006. The value of civility? *Urban Studies*, (43): 863-878.

Brown, P. & Levinson, S. 1987. *Politeness: Some Universals in Language Usage*. Cambridge: Cambridge University Press.

Canagarajah, A. S. 2005. *Reclaiming the Local in Language Policy and Practice*. Mahwah: Lawrence Erlbaum Assoc Inc.

Chen, X. R. 2020. *Critical Pragmatic Studies on Chinese Public Discourse*. London: Routledge.

Clark, C. M., Olender, L., Kenski, D., et al. 2013. Exploring and addressing faculty-to-faculty incivility: A national perspective and literature review. *Journal of Nursing Education*, 52(4): 211-218.

Cook, T. 1998. *Governing with the News: The News Media as a Political Institution*. Chicago: The University of Chicago Press.

Coyne, I., Farley, S., Carolyn, A., et al. 2016. Understanding the relationship between experiencing workplace cyberbullying, employee mental strain and job satisfaction: A dysempowerment approach. *The International Journal of Human Resource Management*, 28 (7): 945-972.

Coyne, S., Stockdale, L., Nelson, D., et al. 2011. Profanity in media associated with attitudes and behavior regarding profanity use and aggression. *Pediatrics*, (5): 867-872.

Flonk, D., Jachten fuchs, M., Obendiek, A. S. 2020. Authority conflicts in internet governance: Liberals vs. sovereigntists? *Global Constitutionalism*, (2): 364-386.

Fowler, R., Hodge, B., Kress, G., et al. 1979. *Language and Control*. London: Routledge and Kegan Paul.

Grice, H. P. 1975. Logic and conversation. In P. Cole & J. L. Morgan (Eds.), *Syntax and Semantics, Vol. 3: Speech Acts* (pp. 41-58). New York: Academic Press.

Grigore, A. & Mafte, A. 2020. Exploring the mediating roles of state and trait anxiety on the relationship between middle adolescents' cyberbullying and depression. *Children*, (11): 1-11.

Haq, N., Ullah, M., Khan, R., et al. 2020. USAD: An intelligent system for slang and abusive text detection in PERSO-Arabic-Scripted Urdu. *Complexity*, (6): 1-7.

Hastings, G., Stead, M. & Webb, J. 2004. Fear appeals in social marketing: Strategic and ethical reasons for concern. *Psychology & Marketing*, 21(11): 961-986.

Heinrich, P. & Galan, C. 2011. *Language Life in Japan: Transformations and Prospects*. New York: Routledge.

Hinduja, S. & Patchin, W. 2006. Bullies move beyond the schoolyard: A preliminary look at cyberbullying. *Youth Violence and Juvenile Justice*, (2): 148-169.

Horn, L. 1984. Toward a new taxonomy for pragmatic inference: Q-based and R-based implicature. In D. Schiffrin(Ed.), *Georgetown University Round Table on Languages and Linguistics. Meaning, Form, and Use in Context: Linguistic Applications*(pp. 11-42). Washington: Georgetown University Press.

James, N. 1992. *Governance Without Government: Order and Change in World Politics.* Cambridge: Cambridge University Press.

Jernudd, B. 1991. *Lectures on Language Problems.* New Delhi: Bahri Publications.

Jernudd, B. H. & Neustupný, J. V. 1987. Language planning: For whom? In L. Laforge(Ed.), *Actes du Colloque International sur L'aménagement Linguistique / Proceedings of the International Colloquium on Language Planning*(pp. 69-84). Québec: Les Presses de L' Université Laval, 69-84.

Kaplan, R. B. & Jr. Baldauf, R. B. 1997. *Language Planning from Practice to Theory.* Clevedon: Multilingual Matters.

Kazerooni, F., Taylor, S. & Bazarova, N. 2018. Cyberbullying bystander intervention: The number of offenders and retweeting predict likelihood of helping a cyberbullying victim. *Journal of Computer-Mediated Communication*, 23(3): 146-162.

Kress, G. 2001. From Saussure to critical sociolinguistics: The turn towards a social view of language. In M. Wetherell, S. Taylor, & S. J. Yates (Eds.), *Discourse Theory and Practice: A Reader*(pp. 29-38). London: Sage.

Lakoff, R. 2005. Civility and its discontents: Or getting in your face. In R. Lakoff & S. Ide (Eds.), *Broadening the Horizon of Linguistic Politeness* (pp. 23-43). Amsterdam: John Benjamins.

Leech, G. 1983. *Principles of Pragmatics.* London: Longman.

Levinson, S. 1987. Pragmatics and the grammar of anaphora: A partial reduction of binding and control phenomena. *Journal of Linguistics*, 23(2): 379-434.

Li, Y. M. 2013. Understanding China's situation through its language life. In Y. M. Li & W. Li (Eds.), *The Language Situation in China. Vol. 1*(pp. v-viii). Berlin: De Gruyter Mouton and Beijing: Commercial Press.

Li, Y. M. 2019. *Language Planning in China.* Berlin: De Gruyter.

Li, Z. M., Zhang, Q., Wang, Y. H., et al. 2020. Social media rumor refuter feature analysis and crowd identification based on XGBoost and NLP. *Applied Sciences*, 10(14): 4711-4726.

Loughlin, J. & Williams, C. H. 2007. Governance and language: The intellectual foundations. In C. H. Williams (Ed.), *Language and Governance*(pp. 57-103). Cardiff: University of Wales Press.

Mills, S. 2017. *English Politeness and Class.* Cambridge: Cambridge University Press.

Moreno, M. A., Gower, A. D., Brittain, H., et al. 2019. Applying natural language processing to evaluate news media coverage of bullying and cyberbullying. *Prevention Science*, 20(8): 1274-1283.

Mutz, D. C. 2015. *In-Your-Face Politics: The Consequences of Uncivil Media.* Princeton: Princeton University Press.

O'Driscoll, J. 2017. *Face and (im)politeness*. In J. Culpeper, et al. (Eds), *The Palgrave Handbook of Linguistic (Im)politeness* (pp. 89-118). London: Palgrave Macmillan.

Porath, C., Macinnis, D. & Folkes, V. 2010. Witnessing incivility among employees: Effects on consumer anger and negative inferences about companies. *Journal of Consumer Research*, 37(2): 292-303.

Price, M. & Dalgleish, J. 2010. Cyberbullying: Experiences, impacts and coping strategies as described by Australian young people. *Youth Studies Australia*, 29(2): 51-59.

Rhodes, R. A. W. 1997. *Understanding Governance: Policy Network, Governance, Reflexivity and Accountability*. Philadelphia: Open University Press.

Rosenau, J. N. 1995. *Governance Without Government: Order and Change in World Politics*. Cambridge: Cambridge University Press.

Shohamy, E. & Gorter, D. 2009. *Linguistic Landscape: Expanding the Scenery*. New York: Routledge.

Sifianou, M. 2019. Im/politeness and in/civility: A neglected relationship? *Journal of Pragmatics*, 147: 49-64.

Spencer-Oatey, H. 2008. *Culturally Speaking: Culture, Communication and Politeness Theory*. London: Continuum.

Spencer-Oatey, H. 2002. Managing rapport in talk: Using rapport sensitive incidents to explore the motivational concerns underlying the management of relations. *Journal of Pragmatics*, 34(5): 529-545.

Sperber, D. & Wilson, D. 1986. *Relevance: Communication and Cognition*. Oxford: Basil Blackwell.

Spolsky, B. 2004. *Language Policy*. Cambridge: Cambridge University Press.

Spolsky, B. 2009. *Language Management*. Cambridge: Cambridge University Press.

Stroud, C. & Mpendukana, S. 2009. Towards a material ethnography of linguistic landscape: Multilingualism, mobility and space in a South African township. *Journal of Sociolinguistics*, 13(3): 363-386.

Terkourafi, M. 2011. The puzzle of indirect speech. *Journal of Pragmatics*, 43(11): 2861-2865.

Tollefson, J. W. 1981. The role of language planning in second language acquisition. *Language Learning*, 312(2): 337-348.

Van Hee, C., Jacobs, G., Emmery, C., et al. 2018. Automatic detection of cyberbullying in social media text. *PLOSE ONE*, 13(10): 1-22.

Van Jaarsveld, D. D., Walker, D. D. & Skarlicki, D. P. 2010. The role of job demands and emotional exhaustion in the relationship between customer and employee incivility. *Journal of Management*, 36(6): 1486-1504.

Vasconcelos, A. F. 2020. Workplace incivility: A literature review. *International Journal of Workplace Health Management*, 13(5): 513-542.

Verschueren, J. 2008. Context and structure in a theory of pragmatics. *Studies in Pragmatics*, (10): 14-24.

Vigers, D. 2012. Galician and Irish in the European context: attitudes towards weak and strong minority languages. *Current Issues in Language Planning*, 13(3): 235-238.

Vlaanderen, A., Bevelander, K. E. & Kleemans, M. 2020. Empowering digital citizenship: An anti-cyberbullying intervention to increase children's intentions to intervene on behalf of the victim. *Computers in Human Behavior*, (11): 1-11.

Walsh, J. 2012. Language policy and language governance: A case-study of Irish language legislation. *Language Policy*, 11(4): 323-341.

Warner, M. 1990. *The Letters of the Republic: Publication and the Public Sphere in Eighteenth-century America*. Cambridge: Harvard University Press.

Williams, C. H. 2007. *Language and Governance*. Cardiff: University of Wales Press.

Wilson, N. & Elliot, J. 1983. *Sociolinguistics and Language Acquisition*. New York: Newbury House.

Zipf, G. K. 1949. *Human Behaviour and the Principle of the Least Effort*. Cambridge, MA: Addison-Wesley.

Zubiaga, A., Liakata, M., Procter, R., et al. 2016. Analysing how people orient to and spread rumors in social media by looking at conversational threads. *PLOSE ONE*, (3): 1-29.

附录：调查问卷

本问卷主要想了解您关于语言与社会文明的一些看法，请您如实回答，答案没有对错之分。调查结果主要用于学术研究。非常感谢您的支持与配合。

1. 您的性别：（ ）

   A. 男　　　　　B. 女

2. 您的年龄：（ ）

   A. 22～31 岁　　B. 32～41 岁　　C. 42～51 岁

   D. 52～61 岁　　E. 62 岁及以上

3. 您的文化程度：（ ）

   A. 初中及以下　B. 高中或大专　C. 本科　　　　D. 研究生及以上

4. 您所在的地方：（ ）

   A. 非城市地区　B. 小城市　　　B. 中等城市　　C. 大城市

   D. 特大城市　　E. 其他地区（具体请填写）_____

5. 您是做什么工作的：_____

6. 在您看来，宣传语"讲文明话，办文明事"中，"文明话"是指什么样的话呢？

7. 在您看来，怎样说话以及说什么样的话就是不文明呢？_____

8. 在您看来，我们讲话需要注意些什么呢？_____

9. 在您看来，语言在社会文明建设中可以发挥什么作用呢？_____